Inversión en bienes raíces

La guía definitiva para principiantes sobre cómo vender casas, vender propiedades al por mayor y crear flujos de ingresos pasivos con la inversión en propiedades de alquiler

Índice de contenido

Primera Parte: Inversión en bienes raíces

Una guía esencial para vender casas y propiedades al por mayor y construir un imperio de propiedades de alquiler

Introducción

El mercado inmobiliario es una industria importante. Con un mercado de varios billones de dólares, continúa expandiéndose y convirtiéndose en una parte importante de la vida. Generalmente, la inversión en bienes raíces es simple. El objetivo es invertir dinero, y darle tiempo para que incremente; en el futuro, usted tendrá un montón de dinero. Mientras que cada tipo de inversión demanda cierto nivel de riesgo, el beneficio esperado debe asegurar el nivel de riesgo esperado. Por ejemplo, considere el juego del monopoly. Para ganar, una persona tiene que comprar propiedades, evitar la bancarrota y cobrar el alquiler para construir más propiedades. Si tan solo la inmobiliaria fuera tan fácil, entonces todo el mundo sería rico. En la vida, el mismo concepto se aplica, pero hay una trampa: un solo error en su proceso de inversión resultará en graves consecuencias.

Hay varios lugares donde puede esconder su dinero más que debajo de la almohada. Hay características positivas y negativas de cada opción de inversión que tome, pero como este libro es sobre inversiones en bienes raíces, eso es en lo que se va a enfocar.

Una de las razones más populares que la gente dice cuando se le pregunta por qué quieren invertir en bienes raíces es que quieren libertad financiera, pero también hay otros que tienen sus razones.

Cualquiera que sea la razón que tenga, si es nuevo en la inversión inmobiliaria, y desea aprender a invertir en bienes raíces, este libro es perfecto para usted.

En este libro, aprenderá una visión general de la inversión en bienes raíces, y luego se sumergirá profundamente en la obtención de dinero a través de la reforma de casas, propiedades al por mayor, y cómo construir un imperio de propiedades de alquiler. Además, aprenderá valiosos consejos para encontrar acuerdos de ganancia rápida.

Capítulo 1: Visión general de las propiedades inmobiliarias

Para construir con éxito una oportunidad de inversión en el mercado inmobiliario, es necesario llevar a cabo la debida diligencia para asegurarse de que conoce los detalles más pequeños de su mercado local y los aspectos que determinan la rentabilidad de lo que está invirtiendo.

Este capítulo le llevará a través de una amplia introducción de todo lo que usted necesita saber acerca de la inversión en bienes raíces.

A nivel básico, la inversión inmobiliaria se define como un medio para generar ingresos mediante el alquiler o la posesión de inmuebles residenciales, comerciales e industriales, o de parcelas de tierra. Algunos inversores pueden buscar estas propiedades por su cuenta, o incluso con la ayuda de los mercados inmobiliarios en línea como Zillow, Multiple Listing Services, y Roofstock.

Las inversiones en bienes raíces residenciales son uno de los tipos más comunes de inversión en bienes raíces. Comprenden casas unifamiliares, townhomes, y condominios que pueden ser alquilados para obtener un beneficio.

Las propiedades residenciales más grandes y las destinadas a negocios pertenecen a la categoría de bienes raíces comerciales. Los propietarios pueden generar dinero de las propiedades comerciales alquilando unidades multifamiliares o espacio de oficinas.

El punto principal es que todo lo que se alquila a un negocio, y cualquier edificio residencial que tenga más de cuatro unidades en su interior, se clasifica como comercial. Este tipo de propiedades tienen diferentes reglas de préstamo cuando se registran para una hipoteca.

No importa el tipo de propiedad que posea, puede obtener alguna ganancia de una propiedad de inversión de cuatro maneras principales: revalorización, alquiler, beneficios fiscales e interés.

Alquiler

El propietario de un inmueble, townhome, condominio, casa unifamiliar, propiedad multifamiliar o edificio comercial financiado con fondos colectivos puede crear ingresos por alquiler al arrendar todo o una sección del edificio a un inquilino. La mayoría de las personas que invierten en bienes raíces deciden alquilar un espacio a los inquilinos porque genera un flujo de ingresos predecible, estable y constante.

Esto es especialmente cierto si se encuentra en un mercado inmobiliario estable. Asegúrese de confirmar las tasas de ocupación locales en el tipo de propiedad inmobiliaria que le gustaría invertir.

Algunas personas deciden embolsarse el alquiler y ocuparse del mantenimiento y la conservación de la propiedad por su cuenta, mientras que otras optan por contratar una empresa de mantenimiento de la propiedad que se lleva parte de los beneficios a cambio de los servicios de mantenimiento de la propiedad.

En promedio, se puede estimar que un administrador de propiedades requerirá el 10% de su renta bruta, para los arrendatarios a largo plazo. Cuando se gestionan alquileres a corto plazo, este número es mucho mayor.

Revalorización

En algunos mercados inmobiliarios donde el costo de la propiedad está aumentando, los propietarios de inmuebles pueden ganar dinero comprando y conservando la propiedad. El aumento del valor de una propiedad a lo largo del tiempo se conoce como revalorización. La revalorización se traduce en beneficios cuando el propietario opta por vender la propiedad.

Esta estrategia de obtener beneficios es la más adecuada para las personas que buscan una inversión a largo plazo en un mercado en el que los precios de las propiedades siguen aumentando. Un plan de compra y retención a largo plazo es siempre la mejor opción, dado que, en un acuerdo a largo plazo, los precios de las propiedades inmobiliarias se revalorizarán.

Beneficios fiscales

Uno de los aspectos más importantes considerados por los inversores inmobiliarios que la mayoría de los novatos no reconocen son los beneficios fiscales. Ser un inversionista de bienes raíces es como ser dueño de un negocio; usted recibe deducciones de impuestos.

Eso incluye cualquier mejora en la propiedad, el costo de los viajes, los suministros para la limpieza y el mantenimiento, y así sucesivamente.

Sin embargo, lo mejor de todo acerca de la inversión en bienes raíces es la depreciación. Esta es una característica mágica que todo inversionista debería cobrar al final del año fiscal.

La depreciación implica que el Servicio de Impuestos Internos (IRS, por sus siglas en inglés) permite a las personas con propiedades de inversión "depreciar" la propiedad en un período específico. Lo más importante, el IRS debería permitir a los inversores depreciar la propiedad a lo largo de 27,5 años.

Intereses

Esta estrategia de creación de beneficios inmobiliarios suele ser aplicada por empresas de capital privado y empresas de inversión inmobiliaria. Alguien otorgará un préstamo inmobiliario a un inversor inmobiliario para comprar una propiedad y luego reunir intereses y cuotas para generar ingresos.

En el siguiente caso, actuará como un banco, lo cual es perfecto para una técnica de inversión inmobiliaria.

¿Es la inversión en bienes raíces lo mejor para usted?

Invertir en bienes raíces puede parecer una idea razonablemente atractiva. Después de todo, ¿quién no quiere ganar algo de dinero extra?

Pero la verdad es que no es para todos. Algunas personas son perfectas para invertir en bienes raíces, y a otras les va bien con opciones alternativas de inversión - si usted está buscando un enfoque de no intervención en bienes raíces, puede probar las opciones de bienes raíces con fondos colectivos a través de Fundrise.

Fundrise permitirá a los inversores individuales invertir en bienes raíces comerciales en línea a través de un fideicomiso de inversión en bienes raíces o un eFund. El modelo de crowdsourcing (financiamiento colectivo) se distingue de un REIT (fideicomiso de inversión en bienes raíces) tradicional, haciendo posible que el inversionista promedio participe. Lo mejor es que no es necesario ser un inversor acreditado. Puede empezar a invertir en ofertas tan pequeñas como de 500 dólares.

Si quiere saber si esta puede ser la opción correcta para usted, las siguientes preguntas pueden ayudarle:

¿Tiene las habilidades adecuadas para la inversión en bienes raíces?

A diferencia de otras inversiones, la inversión en bienes raíces requiere cálculos precisos y un seguimiento regular del mercado. También puede tener que lidiar con el mantenimiento diario y el mantenimiento de la propiedad con otros proveedores de servicios, lo que puede ser un reto y requerir de mucho tiempo.

Pregúntese si tiene la capacidad de organización, el conocimiento del mercado y la motivación para invertir en bienes raíces antes de tomar una decisión.

¿Está en un mercado favorable?

Incluso si usted tiene todas las habilidades, el conocimiento y el capital teórico necesario para comenzar a invertir en bienes raíces, esto no se traduce en una gran idea. Si el mercado está en declive o está en la cima de un mercado alcista, entonces no obtendrá beneficios de una inversión inmobiliaria.

Sin embargo, incluso si su mercado está en declive, puede buscar oportunidades de inversión fuera de su área y comprar propiedades en un lugar más favorable. Roofstock es una excelente plataforma para encontrar oportunidades de mercado.

¿Tiene los recursos para invertir?

No debe invertir dinero en un pago inicial que no está listo para perder, así que no se apresure a buscar una propiedad de inversión que lo lleve a problemas financieros.

¿Puede manejar el compromiso que viene con la inversión?

Si decide alquilar o arrendar una propiedad, prepárese para manejar todas las tareas que conlleva. Tendrá que ocuparse del cobro del alquiler, las reparaciones, el mantenimiento y otras tareas relacionadas.

Pregúntese si puede manejar estas responsabilidades. Si no, debe estar dispuesto a ponerse en contacto con una empresa y pagarles por la asistencia.

Desafío

Hay mucha incertidumbre en la forma en que los inversionistas pueden participar en la inversión de la propiedad. Los compradores no saben cómo pueden participar en la asignación de una determinada porción de su cartera a las propiedades inmobiliarias sin participar en los activos intangibles.

Con unas pocas opciones para elegir, los inversionistas a veces pueden confundirse sobre qué oportunidad deben tomar.

Entonces, ¿por qué invertir en bienes raíces?

Las propiedades inmobiliarias pueden ser una excelente manera de realizar sus metas financieras. Sin embargo, antes de que pueda crear dinero a través de la inversión en bienes raíces, tendrá que estar bien informado al respecto. Como inversionista, usted necesita hacerse esta pregunta: "¿Por qué bienes raíces?"

Una opción segura

No hay ningún argumento que diga que los bienes raíces son una opción mucho mejor en comparación con las inversiones del mercado de valores. Por ejemplo, puede comprar y conservar una propiedad, y asegurarse de obtener un beneficio cuando venda la misma propiedad después de dos, tres o incluso cinco años.

Apalancamiento

El apalancamiento es la mejor estrategia a utilizar para aumentar su inversión en dólares. Si decide invertir en bienes raíces, también puede optar por pedir un préstamo contra su propiedad. Eso significa que usted pagará una cuota inicial en el rango de 20-25% por su inversión.

Cobertura de la inflación

La tendencia en el sector inmobiliario implica la pérdida de un pequeño valor cuando los precios suben. Sin embargo, tiene un alto valor en tiempos de inflación. Los activos de los bienes raíces funcionan mejor que los activos de papel, y esto hace que sea la mejor cobertura contra la inflación que las acciones. La razón es que los bienes inmuebles tienen un valor intrínseco, mientras que las acciones no.

Teoría de la oferta y la demanda

Es evidente que la tasa de crecimiento de la población en todo el mundo sigue aumentando cada año. Sin embargo, la tierra sigue siendo limitada. Como resultado, los precios de la vivienda seguirán subiendo debido a la alta demanda.

Ingresos pasivos

La inversión en bienes raíces genera un flujo de efectivo positivo siempre y cuando se elija la inversión adecuada. Significa que la inversión en bienes raíces puede ser una gran manera de ganar ingresos pasivos.

No se imponen restricciones a la inversión

Cualquiera es libre de invertir en bienes raíces. Si tiene las habilidades necesarias para convertirse en un inversor de bienes raíces, es libre de empezar.

Se necesita un pequeño capital para invertir

Otra razón por la que usted debería invertir en bienes raíces es que no necesita tener millones de dólares en su banco. Si puede pagar una cuota inicial de entre el 20-25%, entonces estará en condiciones para hacerlo.

Formas de invertir en bienes raíces

Ahora que ha aprendido por qué necesita invertir en bienes raíces, queremos ver cómo puede empezar. Una cosa que debe tener en cuenta es que hay diferentes estrategias para invertir en bienes raíces.

Capítulo 2: Reforma de casas

La reforma de casas es actualmente la técnica más popular de inversión en bienes raíces. Pero antes de proceder, ¿qué es la "renovación" de casas?

En pocas palabras, es el proceso de compra de propiedades en mal estado, renovándolas y reparándolas, para luego vender la propiedad mejorada a un nuevo propietario a un precio más alto del que se compró.

La forma en que se hace la renovación de la vivienda hoy en día es mucho más provechosa y gratificante que en el pasado. Cuando usted compra propiedades feas y deterioradas, y las renueva maravillosamente, y luego las vende de forma responsable, no solo estará agregando un valor genuino a la comunidad, sino que también está obteniendo ganancias significativas.

Sin embargo, por muy simple que parezca, hay muchos pasos que hay que seguir e implementar. Olvidar incluso un solo paso puede dar lugar a problemas. Hasta ese punto, el peor error que puede cometer es entrar de lleno sin tener ni idea de lo que va a hacer. Si no sabe por dónde empezar, o necesita un curso de actualización, este capítulo le enseñará todo lo que necesita saber sobre la reforma en bienes raíces.

Conceptos básicos

Comencemos aclarando algunas confusiones con los términos, y asegurémonos de que reformar una vivienda es lo correcto para que usted se adentre en ello.

La reforma también se conoce como:

- Arreglar y vender

- Comprar para vender

- Compraventa

El término "comprar para vender" es tal vez el más común porque hace hincapié en la intención y lo diferencia del "comprar para alquilar". Pero la mayoría de la gente prefiere el término "reforma" tal vez porque es una palabra simple de decir.

Bueno, la reforma no significa necesariamente renovar una propiedad como algunos piensan. De hecho, para algunos, el término "reforma" se refiere a situaciones en las que no se está haciendo ningún trabajo. Por ejemplo, usted compra una propiedad con un descuento más significativo y la devuelve inmediatamente al mercado.

Por lo general, habría una razón para explicar el precio de venta más alto, y eso no puede ser el crecimiento del capital porque tanto la compra como la venta suelen estar separadas por meses en lugar de años. Por esa razón, la mejora de la propiedad es siempre parte del proceso de cambio, pero no es una obligación para que lo sea. También se puede aumentar el valor mediante:

- La resolución de problemas legales

- Simplemente comprando una propiedad en oportunidad

- Extendiendo un contrato de arrendamiento

Así que, ¿por qué la renovación?

Si está pensando en la reforma de casas para su inversión en bienes raíces, hay muchas grandes preguntas que tendrá que hacer, y una de las muchas que debe formular es: "¿Por qué reformar casas?" Veamos algunas razones generales por las que la gente realiza reformas de viviendas.

Parece que requiere una gran cantidad de trabajo, y así es. No es tan fácil como se puede pensar, aunque la mayoría de la gente en todo el mundo compra casas todos los días con la finalidad de reformar esas casas. ¿Por qué? Hacer grandes sumas de dinero es la respuesta larga y corta, pero es más profunda que eso para muchos que desean realizar reformaciones de casas, incluso si el objetivo final es obtener un beneficio.

Algunas personas experimentan placer y satisfacción al trabajar con sus mentes. La compra de una propiedad que requiere algunas reparaciones cosméticas y renovación es una gran manera de ensuciarse las manos sin arriesgar mucho dinero, esfuerzo o tiempo. Las propiedades que exigen un trabajo serio pueden necesitar un par de manos que tengan experiencia en lugar de aquellas que resultan ideales para equilibrar los presupuestos. Dicho esto, si usted quiere hacer el trabajo por su cuenta y disfrutar de la idea de que puede ahorrar una cantidad considerable de dinero si utiliza su propia mano de obra, entonces debería optar por ello.

Sin embargo, algunas personas se involucran en la reforma de viviendas porque la perspectiva de construirle a la familia una casa de ensueño es agradable. Cuando usted compra una casa y la reforma, está poniendo su esfuerzo en la realización del sueño de otra persona. Toma algo que puede parecer feo y ordinario y lo convierte en un hermoso hogar. Aunque esto puede parecer un poco romántico, es una razón. Y esto es parte de la belleza de la reforma de casas.

Otros eligen esta ruta porque quieren experimentar el valor de convertir un trozo de carbón en un diamante. El término literal para este tipo de gente, y esto también podría aplicarse a cualquiera que elija reformar casas para ganarse la vida, es el de masoquista.

Hay quienes sólo están motivados por el beneficio, y no hay nada malo en ello. La mayoría de la gente nunca se habría metido en este tipo de negocio si no hubiera una olla de oro premiada al otro lado del arco iris. Es un trabajo agotador, y hay veces en que la motivación del beneficio le harán retomar las riendas.

Recuerde que cuando el sol se ponga, no importa cuál sea su razón para reformar casas. Lo más importante es que realice el trabajo necesario para lograr que su casa se reforme día tras día. Esto es lo que distingue a los que son serios en la reforma de casas y los que están condenados a ser portadores de un solo éxito en este negocio. Por supuesto, tenemos a esas personas que realizan reformaciones de casas con el fin de ver el producto final una vez que todo está terminado.

Aunque ninguna de las razones anteriores es mejor que la otra, es una cuestión de estrategia. La reforma como estrategia no le conviene a todo el mundo, pero a menudo funciona bien para los siguientes propósitos:

• Si usted quiere dejar su trabajo regular rápidamente. Desarrollar una importante cartera de compra-alquiler para sustituir sus ingresos a través de la renta llevaría muchos años, pero puede ejecutar un par de proyectos de reforma cada año - los beneficios pueden entonces sustituir su salario.

• Cuando quiera recaudar fondos para "depósitos de compra-alquiler". Si tiene suficiente depósito para una sola propiedad que no es suficiente para construir una cartera. Una vez que compre una, se quedará sin dinero y se atascará. Si usa el dinero para reformar una propiedad, entonces la ganancia que obtenga podría ser suficiente para un depósito de compra-alquiler, mientras que todavía tendrá sus fondos iniciales para realizar otra reforma.

¿Cuánto dinero puede generar realizando reformaciones de casas?

Se estará preguntando si la reforma de casas genera mucho dinero o es sólo una exageración sin razón. Además, ¿cuáles son sus probabilidades de tener éxito o fracasar?

Encontrar respuestas a las preguntas anteriores es el primer paso para decidir si la reforma de viviendas es la opción correcta para usted.

¿Cuál es el ingreso promedio para un reformador de casas?

Si se considera el ingreso promedio que reciben los reformadores por casa, se sabrá que el negocio de la reforma puede generar una gran cantidad de dinero. Por ejemplo, el beneficio bruto de las casas en los Estados Unidos es de alrededor de 29.342 dólares. Si bien es un beneficio significativo, tiene la oportunidad de ganar más si reforma las casas que cuestan entre 100 y 200.000 dólares.

El estado también determina la cantidad de dinero que los reformadores de viviendas pueden generar. Por ejemplo, los reformadores de Massachusetts tuvieron una ganancia bruta de alrededor de 103.384 dólares por casa en 2013, mientras que los reformadores de California generaron 99.999 dólares por casa en el mismo año.

Si bien estas cifras representan las ganancias promedio, es posible que un reformador de viviendas gane aún más o menos. Depende de cuánta habilidad y talento tenga una persona. Sin embargo, es bueno saber las posibilidades de éxito o fracaso antes de empezar en este negocio.

¿Qué tan exitosos son los reformadores de viviendas?

En un mundo ideal, todo el mundo obtendría un beneficio de este negocio. Sería un tipo de inversión simple. Sin embargo, el mundo nunca es perfecto, y usted necesita comprometer su tiempo y esfuerzo. Como resultado, no todo el mundo logra el éxito de la reforma de las casas.

Por ejemplo, el 40% de las casas reformadas no devuelven un beneficio. Eso debería decirle que no está garantizado que tenga éxito en el negocio de la reforma de viviendas sólo porque alguien más esté obteniendo un beneficio.

El 60% de los que tienen éxito en la reforma de casas comparten algunas cosas. En primer lugar, tienen suficiente capital para entrar en el negocio. Tenga en cuenta que la inversión en bienes raíces no es tan barata, y necesita contar con un buen capital inicial. Incluso cuando se obtiene una buena oportunidad con una casa embargada, se necesita tener dinero para hacer algunas reparaciones en la casa. También necesita tener algunos fondos extra en reserva en caso de que reforme una casa, y no se venda inmediatamente.

También tienen suficiente tiempo para manejar el proyecto. Usted tendrá que asignar unos meses en la búsqueda de una casa para comprar. Luego, necesitará algunas semanas para repararla, colocarla a la venta y finalmente venderla. Como puede ver, necesita tener tiempo para hacer todas estas tareas. Si no puede encontrar tiempo para hacer esto, las posibilidades de no lograrlo son altas.

Otra similitud entre los reformadores de casas exitosos es que les gusta hacer las reparaciones con anticipación. Algunos lo hacen por sí mismos, mientras que otros emplean a profesionales.

Además, la mayoría de los reformadores se actualizan con las noticias actuales de los medios inmobiliarios. Saben cuándo el mercado es adecuado para ellos a la hora de vender casas y cuándo no. Han aprendido los trucos para evaluar el potencial de una propiedad. En otras palabras, si no saben analizar el mercado, terminarán comprando un inmueble difícil de vender.

Aparte de eso, se requiere paciencia. Es importante no solo en el sector inmobiliario, sino también en cualquier otra forma de inversión. La paciencia es la regla del juego; si se le agota la paciencia, puede recibir una mala oferta. Y nadie quiere recibir una mala oferta. Siendo paciente, usted sabrá cuándo conservar la propiedad y cuándo venderla.

Del mismo modo, los mejores reformadores de casas no cotizan un gran precio por la propiedad. Simplemente la ponen a la venta a un precio justo, asegurándose de que pueden obtener algún beneficio. Si se sobrevalua una propiedad, puede resultar como el peor de los errores. ¿Por qué? La propiedad puede desperdiciarse en el mercado sin que nadie quiera comprarla.

La reforma de viviendas puede ser un negocio arriesgado, pero vale la pena si se obtiene un beneficio de ello. Tómese el tiempo para entender los mejores precios y luego sumérjase en el asunto. Si está listo, puede vender una casa tras otra.

¿Cuánto dinero se necesita para arreglar y reformar casas? Las cuatro cosas esenciales que hay que tener en cuenta

Hay muchas cosas a considerar cuando se entra en el mercado de la reforma de casas.

Dos de las preguntas más populares entre los novatos son: "¿Cuál es el costo de reformar una casa?" y "¿se obtendrá un beneficio significativo?".

El costo de reformar una casa equivale al total del coste de adquisición, los costos de transporte, los costes de venta, los costos de renovación y los costos de comercialización. Los costos son diferentes porque dependen de la ubicación de la casa, el tipo de propiedad y el número de renovaciones que se supone que se hagan. Sin embargo, la cantidad total de dinero necesario para reformar una casa es de aproximadamente el 10% del precio de compra.

La cantidad que usted gastará para reformar una casa variará de un proyecto a otro. Y esa es una de las razones por las que la inmobiliaria es tan emocionante. Aunque la cantidad exacta para una reforma será diferente, cada proyecto a menudo presenta los cuatro gastos.

Los cuatro gastos principales para la reforma de una vivienda incluyen:

1. El precio de compra de una propiedad para arreglar y reformar

La adquisición de una propiedad se define como la cantidad de dinero que uno tendrá que desembolsar para conseguir una propiedad. Los costos asociados con la compra de una propiedad comprenden el precio de venta de la casa y los gastos de cierre. Generalmente, los costos de cierre incluyen los cargos pagados durante la liquidación de la transacción, e incluyen los cargos de traspaso, los cargos de financiamiento y el seguro de título.

El precio de compra es la cantidad de dinero que se paga para adquirir una propiedad. El precio de compra está compuesto por el valor de la tierra y la propiedad construida en ella. Otro aspecto del precio de compra es si se trata de una casa multifamiliar o de una sola familia. El precio de compra no incluye el seguro ni los impuestos, pero depende de la forma en que se establezca el trato - puede incluir electrodomésticos, lámparas y acabados personalizados de las ventanas.

Antes de comprar una propiedad, hay dos factores esenciales a los que debe prestar atención: comparar los precios de las propiedades para entender cómo se miden y atenerse a la regla general, según la cual se paga "el 70% del valor después de la reparación (ARV) de una propiedad menos los costos de restauración". Si es su primera vez en una reforma de vivienda, entonces debería comprar una propiedad que solo requiere reparaciones cosméticas. Y la razón por la que se le aconseja hacerlo es que será fácil calcular los costos. Puede usar la siguiente fórmula para asegurarse de que obtiene acuerdos rentables y se mantiene alejado de los problemas financieros:

Oferta máxima permitida = (ARV x 0.70) – Costo de reparación

Esta fórmula calcula un margen del 30% teniendo en cuenta los costos críticos: comprar la propiedad y hacer reparaciones. Es un método rápido para determinar si un trato es bueno para el reformador de la casa.

Los costos de cierre cuando se compra una casa para arreglar y reformar

Cuando se compra una casa para reformar, debe estar listo para pagar algunos costos de cierre. Algunos de los costos incluyen su parte de la propiedad, seguros de la propiedad, impuestos de traspaso, seguro de título y honorarios de la compañía de títulos. Si va a financiar la compra, la financiación incluirá sus costos al momento del cierre. Tanto el prestamista como el agente inmobiliario le darán amplios detalles sobre los costos de cierre.

Una regla general establece que los cargos por cerrar un trato serán el 5% de la propiedad de compra. Eso significa que, si usted compra una propiedad por 300.000 dólares, entonces debería estar listo para pagar aproximadamente el 5% de 300.000 dólares. Esto le dará 15.000 dólares. Por lo tanto, la propiedad de 300.000 dólares costará unos 315.000 dólares. Como resultado, los siguientes costos afectarán su presupuesto y el retorno de la inversión, por lo que no debe olvidar incluirlos al determinar cuánto puede costar reformar una propiedad.

2. El costo de la restauración de una casa

Los costos de restauración se refieren a los relacionados con la renovación de una propiedad que se quiere reformar. Estos costos son diferentes porque dependen de la duración de la rehabilitación, el estado de la propiedad y el costo de la mano de obra en el área donde se compra la propiedad.

Los tipos de costos de la restauración

Costos de mano de obra y material para arreglar y reformar viviendas

Cuando se quiere calcular el costo de los materiales que se necesitarán para reformar una propiedad, también hay que incluir el costo de transporte o entrega y si el equipo requiere que un experto venga a instalarlo. Algunos productos tendrán que ser pedidos especiales, lo que alarga el tiempo y aumenta los costos de entrega.

Sus precios de los materiales diferirán según el alcance del proyecto, pero en general se dividen en dos grupos:

• Materiales de construcción: Los materiales más populares son la ferretería, la madera y la pintura.

• Aparatos: Los electrodomésticos comunes incluyen el refrigerador, la climatización y la estufa.

La mano de obra depende de la cantidad de dinero que los contratistas van a pedir por su esfuerzo y tiempo en la renovación de su proyecto. Le pedirán dinero para instalar todos los artículos. Algunos cobran por hora, pero la mayoría cobra por proyecto. Usted discutirá con el contratista y finalizará con un contrato formal. Basado en el tiempo que la restauración puede tomar, diferentes tipos de trabajadores estarán involucrados.

Algunos de los trabajadores más populares incluyen:

• Paisajista

• Fontanero

• Electricista

• Contratista general

• Jornalero

• Pintor

La duración de la restauración de la propiedad es un factor esencial para evaluar el costo de la reforma de una casa. Para empezar, es conveniente ir por una propiedad que solo requiere reparaciones cosméticas para poder reducir los costos de restauración y dirigir el proyecto. Una vez que se adquiere experiencia, se puede empezar a seleccionar una propiedad que requiera reparaciones moderadas.

Costos de reparaciones cosméticas de viviendas para arreglar y reformar

Estas reparaciones se refieren a reparaciones o mejoras mínimas que hacen que la propiedad se vea atractiva. Cuando se hacen de la manera correcta, aumentan el valor de la propiedad. Estas reparaciones se hacen por un período corto, lo que reduce los costos de mantenimiento. Tanto los materiales como el costo de la mano de obra son bajos, pero el costo de adquisición es más alto porque la propiedad ya está en un estado mucho mejor que una que requiera una completa restauración.

Las reparaciones cosméticas comprenden:

• Remendar las paredes y pintar el interior

• Reemplazar la alfombra

• Paisajismo básico que incluye plantar flores, cortar el césped y limpiar la entrada

• Reemplazar el mobiliario de los armarios

• Pintar los gabinetes para que se vean atractivos y bonitos

Costos de reparaciones moderadas de viviendas

Estas reparaciones de casas requieren una restauración significativa con el fin de mejorar la propiedad y aumentar el valor de la casa. Debido a que son proyectos grandes, se requerirá un contratista profesional para llevarlos a cabo, lo que aumentará su costo de material y mano de obra. El costo de adquisición aumentará, y también aumentará los costos de mantenimiento.

Ejemplos de reparaciones moderadas en viviendas:

• Reparar la cocina para añadir encimeras de piedra, electrodomésticos, nuevos pisos y nuevas instalaciones de luz.

• Añadiendo paisajismo exterior como arbustos para aumentar el atractivo de la acera.

• Renovar los baños usando accesorios de grifería modernos y a juego, azulejos de color neutro y nuevos inodoros.

Reparaciones particulares de la vivienda

Estas reparaciones son esenciales cuando una casa necesita una renovación completa. Este tipo de reparaciones reducen el costo de adquisición de la propiedad, pero aumentan los gastos en mano de obra y material. Dado que estas reparaciones requieren permisos y contratistas, aumentará su tiempo estimado, y también aumentará sus costos de mantenimiento.

Las reparaciones extensas en viviendas comprenden:

• Añadir otra habitación

• Añadir un garaje

• Arreglar problemas como fisuras en los cimientos

• Construir un nuevo baño

El siguiente ejemplo muestra cómo las extensas reparaciones de la casa pueden afectar a su retorno de la inversión:

Suponga que ha comprado una casa por 100.000 dólares y luego gasta 25.000 dólares en hacer un mantenimiento cosmético. Ahora el valor actual de la casa es de 155.000 dólares (esto no incluye los costos de mantenimiento o los costos de cierre). En otras palabras, el retorno de la inversión para el este proyecto será: \$30.000/\$125.000 x 100 = 24%.

3. Los costos de mantenimiento para la reforma de una propiedad

Se refieren a los gastos repetidos que se gastarán de vez en cuando en la compra de una casa hasta el día en que la reforme. Por lo general, se paga este gasto a final de mes una vez que la propiedad se convierte en suya.

El tipo más común de gastos de mantenimiento es la financiación, pero también hay otros gastos como el seguro, los impuestos sobre la propiedad y los servicios públicos.

Costos de financiación

Estos costos están asociados con el préstamo de dinero para la compra y mejora de una casa. Por ejemplo, un reformador de casas puede usar un préstamo privado para comprar una casa. Luego puede usar la tarjeta de crédito para financiar los costos de reparación.

Los prestamistas promedio de reparación y reforma ofrecerán una tasa de interés significativa por un período corto. Sin embargo, puede utilizar una calculadora de hipotecas para encontrar un número estimado. Tenga en cuenta que hay diferentes tipos de prestamistas para reformaciones y que primero debe hacer algunas comparaciones.

Los préstamos para reparaciones de casas y los prestamistas de capital privado (también conocidos como "Hard Money") cobran una comisión de financiación de diferentes maneras.

Préstamo de capital privado para arreglar y reformar

Los prestamistas de capital privado, como su nombre lo indica, prestan dinero a los inversores. Este préstamo suele ser otorgado por empresas privadas para facilitar un plazo de financiación corto.

Algunos de los costos asociados con este tipo de préstamo incluyen los puntos que se pagan durante el cierre. El prestatario también puede reducir parte de la comisión de tasación. Esta comisión es específica para los profesionales con el fin de ayudarles a completar una estimación por escrito del valor de mercado de la propiedad. Tenga en cuenta que cada prestamista tiene sus requisitos.

Préstamo para la renovación de viviendas destinadas a la reparación y reforma

El préstamo para la renovación de viviendas incluirá los costos de la renovación y el precio de compra de la casa. Este préstamo permitirá a los prestatarios comprar una casa que requiera alguna reparación.

Una propiedad califica para un préstamo de renovación de viviendas si las renovaciones son permanentes y aumentan el valor de la propiedad. Se proporciona una tasa fija a 15-30 años más tasas de hipoteca ajustables. El prestamista tiene que aprobar a los contratistas que hacen las renovaciones.

La financiación en efectivo

Otra opción para financiar una casa es totalmente en efectivo. Esta le ahorrará dinero en un corto período de tiempo porque no hay intereses, cuotas o puntos. Sin embargo, usar todo el efectivo para comprar una propiedad significa que usted estaría usando el dinero que podría canalizar en otra cosa, y no tendrá la ventaja de comprar varias casas.

Cuando usted usa esta opción, debe tener el dinero para comprar una propiedad y el dinero para hacer reparaciones. Además de esto, necesitarás tener algunos fondos a su disposición para hacer frente a los gastos inesperados. Otro gasto externo implicará los gastos de mantenimiento.

El costo del impuesto sobre bienes inmuebles para reformar una vivienda

Los impuestos de la casa determinarán el costo del arreglo y la reforma de una casa de dos maneras. Primero, en el momento del acuerdo, puede que usted tenga que pagar el resto de los impuestos. Otra forma es que podría haber impuestos mensuales por la propiedad.

En los EE. UU., las tasas de impuestos sobre la propiedad son diferentes debido a la cantidad variable de impuestos establecidos por los estados. Por ejemplo, las propiedades separadas por bloques/manzanas pueden tener impuestos diferentes. Una fuerte carga fiscal sobre las casas puede ahuyentar a los compradores de casas. Necesita considerar esto cuando se realiza una reforma porque quiere que su casa renovada atraiga a muchos compradores de casas.

Los costos del seguro

El seguro de propiedad es un tipo de póliza que garantiza una compensación financiera a los propietarios en caso de que su propiedad o su contenido sean destruidos. La cobertura también es vital para asegurarle a usted, y al dueño de la propiedad, de posibles litigios. Ejemplos de tipos de seguro de propiedad consisten en inundación, incendio y daños. Un reformador de casas posiblemente requerirá un seguro de casa vacía, que es un poco diferente de una póliza de propietario de vivienda.

Esta cubrirá la propiedad en el momento de la reforma, en caso de que sea destruida, o sufra destrucción por una tormenta. Puede elegir entre pagar por adelantado, antes de la liquidación, o mensualmente. El costo de este seguro variará dependiendo del lugar donde se encuentre la propiedad, el plazo previsto de arrendamiento y el valor de la propiedad.

Costo de los servicios públicos

Las formas de costo de los servicios públicos que son importantes para los reformadores de viviendas incluyen la electricidad, el gas, el agua y el aceite. Los mismos deben ser incluidos en los "costos mensuales de mantenimiento".

Las facturas de los servicios públicos difieren dependiendo de la condición, tamaño y uso de la propiedad. Puede ponerse en contacto con el propietario anterior para calcular la estimación mensual. Cuando se compra una casa, los proveedores de servicios públicos pueden pasar algunas semanas antes de que empiecen a prestarle los servicios, por lo que debe avisarles inmediatamente. Es imposible para los contratistas llevar a cabo nuestras renovaciones sin electricidad y agua. Si se quedan atascados, se consumirán gran parte de su dinero y aumentarán su tiempo.

4. Comercialización de viviendas reformadas y el costo de ventas

Cuando se involucra a un agente inmobiliario, la mayoría de los costos de venta y comercialización de una propiedad incluirán los gastos de su bolsillo, pero se originarán con el producto del acuerdo. Pero cuando usted vende la propiedad por sí mismo y decide no involucrar a un agente de bienes raíces, tendrá que pagar los costos de comercialización por adelantado.

Los costos de comercialización y venta mencionados anteriormente implicarán los honorarios de los agentes inmobiliarios, los costos de cierre y los costos de comercialización.

Los tres tipos de costos de venta de reformaciones y costos de comercialización comprenden:

Los honorarios del agente inmobiliario cuando se reforma una casa

Es responsabilidad del vendedor pagar los honorarios del agente inmobiliario. Los siguientes honorarios incluirán una comisión de ambos agentes inmobiliarios si hay dos agentes involucrados. En general, un agente inmobiliario representará al vendedor y el otro al comprador. Los honorarios estándar de un agente inmobiliario son del 6%, pero pueden incluir cualquier cantidad que tanto el vendedor como el agente inmobiliario acuerden.

Los honorarios del agente inmobiliario comprenden los costos de venta y los costos de comercialización. Esto representa el porcentaje más significativo de los costos de cierre que un vendedor debe asumir. En caso de que la propiedad en cuestión sea de unos 200.000 dólares, los honorarios del agente inmobiliario serán de 12.000 dólares. Estos no son un gasto de su bolsillo, pero se reducen del precio de venta de la casa durante el cierre.

Los costos de comercialización necesarios para reformar una casa

Los costos de comercialización son bajos cuando se usa un agente de bienes raíces para vender su propiedad reformada. En caso de que usted venda una propiedad por su cuenta, entonces estos costos aumentarán, y tendrán que ser pagados de su bolsillo. El costo de la comercialización comprende publicaciones en línea, volantes, gastos de casa abierta (open house) y letreros de venta.

Los costos anteriores son generalmente ignorados cuando se calculan los costos de mantenimiento. Sin embargo, son críticos para recibir una exposición positiva para la casa. La propiedad se anuncia a más compradores potenciales, y las posibilidades de que un comprador adquiera la propiedad son altas. Esto reducirá los costos de mantenimiento.

Los costos de la comercialización de una casa de reformada difieren dependiendo del enfoque de la compra y las habilidades del inversionista.

La venta de la casa reformada y los costos de cierre

Un costo de cierre es un honorario que se libera al momento de cerrar una transacción de bienes raíces. Esto ocurre cuando el título de la propiedad se entrega al comprador. No se paga por adelantado, sino que se deduce del precio de venta de la propiedad. La mayoría de los costos de cierre del vendedor se originan de los honorarios del agente inmobiliario.

Otro costo de cierre que el vendedor tiene que pagar es cualquier impuesto pendiente de la casa y los servicios públicos, impuestos de traspaso y cualquier crédito que el vendedor envíe al comprador. En promedio, los costos de cierre pueden ser equivalentes a aproximadamente del 2% al 5% del precio de venta de la propiedad.

Calculando cuánto puede costar reformar una casa

Primero, hay que empezar con el posible ARV y trabajar hacia atrás para evitar los cuatro costos significativos en línea. En caso de que conozca el precio de la propiedad antes de comprarla, podrá saber el presupuesto para los costos de restauración, y el presupuesto para los costos de mantenimiento, ventas y comercialización.

Puede calcular los costos para reformar una propiedad usando los siguientes factores:

El ARV para reformar una casa

Una vez que el valor de la reparación se haya completado, lo siguiente es una aproximación de lo que la propiedad valdrá una vez que las reparaciones propuestas hayan terminado. Usted puede estimar el ARV de su propiedad comparando propiedades que han sido vendidas recientemente dentro del mismo vecindario que la propiedad que usted quiere comprar. La comparación debe incluir propiedades idénticas a las que serán renovadas.

El ARV es una excelente herramienta porque proporciona un estimado aproximado antes de presentar una oferta. Eso incluirá los costos de restauración, los costos de mantenimiento y, si es posible, calcule los números durante cada transacción - así no pagará de más por una casa. El ARV impacta en su retorno de la inversión: cuanto menos pague por una propiedad, más ganancias generará.

El presupuesto para reformar una casa

Por presupuesto se entiende como el resumen de los costos estimados para un período determinado. Cuando usted compra una casa reformada, el presupuesto incluirá sus gastos de restauración, los gastos de mantenimiento y los gastos de adquisición de la propiedad.

El presupuesto es muy crítico cuando se determina el costo necesario para reformar una propiedad. Le asegurará que está en línea con sus contratistas y el costo del material. También será una herramienta vital para asegurar la supervisión del dinero gastado y determinar dónde se gasta demasiado. Al ajustarse al presupuesto, logrará el retorno de la inversión esperado, y su reforma será rentable.

El plazo para una reforma

Un plazo detalla el tiempo que se espera que transcurra para que se produzca un proceso de reforma. Se fijará al comienzo del proyecto o en el curso del mismo. El plazo comienza inmediatamente cuando se compra una propiedad y termina cuando se vende la propiedad.

Por ejemplo, puede establecer un plazo de 60 días desde el día en que compra la propiedad hasta el momento en que espera venderla. El plazo tiene que incluir lo siguiente:

- El tamaño de la propiedad
- La comercialización y venta de la propiedad
- El alcance del trabajo de restauración
- Calendario y disponibilidad
- Disponibilidad del contratista

Tenga en cuenta que el plazo es crítico, al igual que el presupuesto. Cuanto más corto sea el plazo, menos costosos serán los gastos de mantenimiento. En otras palabras, el retorno de la inversión proyectado estará bien, y el beneficio será mayor. Por el contrario, si el plazo se extiende más allá de la meta, entonces sus costos de mantenimiento aumentarán, y su retorno de la inversión se reducirá.

El rendimiento proyectado de la inversión

El retorno de la inversión proyectado es la cantidad de dinero que se espera obtener cuando se vende una casa reformada. Un alto retorno de la inversión significa una alta ganancia, que es el propósito de comprometer tiempo y dinero en el proyecto. Cuanto menor sea el retorno de la inversión, menor será la ganancia. El presupuesto, el ARV, y el plazo impactarán su retorno de la inversión. La fórmula para determinar el retorno de la inversión incluye:

Retorno de la inversión = Ganancia neta/ inversión total x 100

Por ejemplo, si su ganancia neta es igual a 40.000 dólares, entonces su inversión total es de 200.000 dólares. Así que esto se traduce en un 20% de retorno de la inversión.

Preguntas frecuentes sobre el costo para reformar una casa

¿Cuál es el promedio de retorno de la inversión cuando se realiza la reforma de una propiedad?

El promedio de retorno de la inversión de una casa reformada es de entre el 10 y el 20%. Sin embargo, el retorno de la inversión variará dependiendo del tipo de casa que se esté reformando. Otros factores que afectarán el retorno de la inversión son los costos de venta, el plazo, los costos de restauración y el costo de adquisición. En general, cuanto más corto sea el plazo, mayor será el retorno de la inversión. Solo recuerde que cada decisión que tome al reformar una casa afectará su retorno de la inversión. Solo aprenda a ajustarse a su presupuesto y asegúrese de que sus costos sean lo más bajos posibles.

¿Cuánto tiempo puede tomar hacer la reforma de una casa?

El plazo para reformar una casa varía debido a algunas cosas. Algunos factores que afectan al plazo son el grado de exposición del reformador, la duración de la restauración necesaria, el tipo de financiación utilizada, el tamaño de la propiedad y el mercado local de bienes raíces.

En promedio, puede tomar 90 días para que los reformadores experimentados compren, reparen y vendan una casa. Recuerde que las propiedades extensas y las que requieren mucha restauración pueden tomar más tiempo de lo esperado.

¿Cuánto puede costar la restauración de una casa?

No hay una respuesta fija a esta pregunta porque depende del número de reparaciones necesarias, el tamaño de la casa, el costo de adquisición, el plazo y la ubicación de la casa. Si una propiedad se encuentra en un área donde los materiales de construcción y la mano de obra son costosos, entonces debería estar listo para un gran presupuesto.

En general, los costos de restauración pueden ser de alrededor del 10% del precio de compra de la casa. Eso significa que si usted compra una casa por $400.000, debería estar listo para gastar aproximadamente $40.000 en restauración.

El punto principal es que el costo de reforma de una casa cambia dependiendo de varios factores, incluyendo los costos de restauración, los costos de financiación, los costos de adquisición y los costos de mantenimiento. El gasto medio de reforma de una casa se determina calculando el 10% del precio de compra. Al tomar en consideración cada uno de los factores mencionados, usted debe estar en el camino correcto para saber cuánto necesita tener para reformar una casa.

¿Cómo analizar los mercados como los expertos?

En esta sección, aprenderá los cuatro pasos necesarios para evaluar los acuerdos de reforma de casas y asegurarse de que usted obtiene el mayor beneficio.

Dominar cómo analizar un acuerdo será el primer paso para el éxito en la reforma de casas. Sin embargo, muy pocas personas en el sector inmobiliario aprenden esta habilidad vital. Le guste o no, después de leer esta sección, es posible que sepa mucho sobre esta técnica, incluso mejor que los inversores o los agentes inmobiliarios.

Puede encontrar todas las propiedades del mundo, pero hasta que no aprenda a evaluarlas y a crear buenas ofertas con precisión, no le servirá de nada. Aprender a evaluar las propiedades y generar las mejores ofertas es el secreto para obtener beneficios de la reforma de casas.

Si decide ver algún programa de televisión que hable de la reforma de casas, rara vez aprenderá a evaluar una propiedad. Excluyen la mayoría de los costos que pueden causar grandes problemas si los ignora al principio de su análisis de la propiedad.

Por lo tanto, al aprender este principio, lo pondrá a un lado de un "especulador" que solo compra una casa porque espera que aumente su valor hasta alcanzar las alturas de un verdadero "inversor", alguien que es consciente de los costos involucrados en los bienes raíces y no depende de las suposiciones. El verdadero inversionista incluye los riesgos calculados y sabe precisamente cómo obtener un gran beneficio de su inversión.

¡Está bien! Empecemos.

Esta sección está dividida en cuatro pasos críticos para ayudarle a aprender cómo hacer ofertas que siempre aseguren que usted obtenga un beneficio de cada transacción:

1. Calcular el ARV

ARV significa "After Repaired Value" (después del valor de reparación). Es una frase común entre los inversores en bienes raíces. Como su nombre lo indica, ARV es el valor de la propiedad una vez que la renovación se ha completado. Determinar el costo de una propiedad una vez que se han hecho las reparaciones es siempre lo primero al evaluar un trato. Si no puede identificar el ARV, entonces es difícil de proceder porque no tiene fundamentos para comenzar.

Para que usted pueda calcular con precisión el ARV, entonces tendrá que considerar los "comparables o comps". Estas son propiedades que han sido vendidas recientemente o están a la venta. Las propiedades que se parecen a las suyas y que se encuentran en la misma localidad de su inmueble. Use los "comparables" para calcular el "precio de salida" de las casas en esa localidad, esto es una gran señal para indicar lo que costará su casa.

Si desea encontrar información o datos de "propiedades comparables", puede optar por los servicios gratuitos o de pago de Zillow. Sin embargo, si le interesa una información completa, deberá considerar el Servicio de Listado Múltiple (MLS, por sus siglas en inglés). Este proporcionará información detallada sobre cada propiedad que se ponga a la venta o que haya sido vendida recientemente.

Para usar el **MLS**, necesitarás buscar un agente o trabajar con alguien que tenga permiso para entrar al **MLS**.

Lo primero que hay que hacer después de entrar en el **MLS** es buscar los comparables reparados "estándar" vendidos que sean similares a como se verá su casa una vez que se hayan completado todas las renovaciones. Este tipo de propiedades son fáciles de identificar. Usted notará que algunas tienen grandes fotos, y se ven más atractivas que otras casas. Estas son las casas a las que debe poner mucho énfasis al calcular su **ARV**.

A continuación, basándose en el número de ventas de las casas comparables "estándar", puede incluir otras casas vendidas recientemente que estén en buenas condiciones o hayan sido renovadas.

Como regla general, busque casas que tengan las siguientes características:

- Han sido vendidas en los últimos 90-120 días.

- La distancia entre las casas es de media unos tres cuartos de milla de su propiedad.

- Están en el mismo vecindario que su propiedad.

Una vez que termine de buscar en las propiedades recientemente vendidas, ahora puede extender su búsqueda a las propiedades que están pendientes porque están bajo contrato con un comprador, y aún no se han cerrado.

Las propiedades pendientes son importantes porque le permitirá tener una idea de los valores futuros proyectados, pero tenga en cuenta que éstas pueden no venderse por el precio establecido.

Evite cruzar las trayectorias

No utilice propiedades de una ciudad, escuela o distrito separados. Además, preste atención al tamaño de los garajes, las vistas, las piscinas, y cualquier otra mejora para que pueda establecer un valor justo.

Por último, también puede incluir las últimas tendencias del mercado, y los cambios estacionales en el precio para las señales sobre el valor de reventa de su casa y el momento adecuado para vender o comprar.

Como puede ver, hay muchas cosas que debe recordar al calcular su ARV. Aunque no hay una fórmula precisa para determinar el ARV, tenga en cuenta que a veces puede ser complicado.

2. Estimación del costo de las reparaciones

Ahora que ha determinado su ARV, lo siguiente es llegar con precisión a un precio aproximado del gasto de las reparaciones. Con el tiempo, usted será tan bueno en esto que podrá estimar el costo de la reparación con sólo mirar las fotos o tener una descripción, y ser consciente de la edad y el tamaño de la propiedad dentro del 1-2% sin siquiera poner los ojos en ella. Eso significa que con algo de tiempo y un poco de experiencia, estimar las reparaciones no será una tarea difícil.

La regla de los "20 dólares por metro cuadrado" es una gran pista sobre el costo de arreglar una propiedad. Brevemente, esta regla se origina en la idea de que la mayoría de las propiedades que necesitan una completa reparación cosmética "estándar" costarán unos "20 dólares por pie cuadrado".

En otras palabras, si planea comprar una propiedad de unos 1.500 pies cuadrados, puede estimar que gastará unos 30.000 dólares para la renovación (1.500 x 20 dólares).

Sin embargo, esta regla se basa en la suposición de que se está renovando una propiedad de media entrada o de entrada. Así que, si va a restaurar una casa mucho mejor y usando materiales avanzados, entonces puede que tenga que cambiar la tarifa y usar algo como "25 o 35 dólares por pie cuadrado". Sin embargo, para la reparación básica estándar, la regla de "20 dólares por pie cuadrado" funciona bastante bien.

A partir de aquí, puede subirlo o bajarlo dependiendo de los requisitos adicionales o de las cosas que no quiera. Por ejemplo, si desea reemplazar el techo, entonces puede necesitar incluir $6.000-$9.000.

Después de algún tiempo, tendrá un conocimiento preciso de estos costos, y podrá determinar los costos de la restauración sin mucho esfuerzo.

Recuerde que solo usará la fórmula de 20 dólares por pie cuadrado cuando haga la oferta de precio inicial. Una vez que su oferta sea aceptada, quizás quiera evaluar la propiedad con un contratista profesional y desarrollar un amplio alcance de trabajo y estimaciones de renovación para asegurarse de no perder nada con su primera estimación.

Puede hacer esto por su cuenta o " vender al por mayor " la casa a un inversor diferente - también puede reunirse con ellos, y si son profesionales, pueden pagarle una tarifa y comprar la casa.

3. Determinar el costo de los gastos de cierre y de conservación

Esta es un área que a menudo se olvida en la mayoría de las presentaciones de casas reformadas. Las casas reformadas pueden ser estresantes si todo el dinero que gana se hunde en los costos.

Abajo vemos algunos de los gastos que debe conocer al calcular su oferta de inversión inmobiliaria:

Costos de cierre de la compra

Estos implican los gastos de cierre que se producen cuando se compra una casa. El vendedor es responsable de pagar los gastos de cierre, por lo que cuando usted compra una casa, sus costos serán esencialmente más bajos que cuando vende la propiedad.

Costos de venta

En este punto, las cosas pueden ser un poco difíciles. Si usted va a involucrar a un agente, entonces debe estar listo para pagar una comisión específica. Dependiendo del lugar y el mercado, su comprador puede solicitar concesiones para ayudarle a pagar los costos.

Dependiendo del lugar y el mercado, su comprador puede pedir concesiones para ayudarle a pagar sus costos. Esto puede ser entre el 1-6%, pero normalmente es el 3%.

Costos de conservación

Los costos de conservación es otro tipo de costo que la mayoría de la gente se olvida de considerar cuando planea comprar una propiedad de inversión. Los costos de conservación pueden comprender los servicios públicos, el mantenimiento, el seguro y los impuestos.

Costos de financiación

Si usted va a utilizar su capital, entonces no debe temer los costos de la financiación, pero si no tiene suficiente dinero y tiene que seguir el camino que la mayoría de la gente toma cuando realiza una financiación, entonces asegúrese de dar cuenta de ello.

Si tiene pensado recurrir a un prestamista privado, debe estar dispuesto a pagar entre el 8 y el 12% de su capital. Si planea involucrar a un prestamista de capital privado en el mercado actual, entonces debe estar preparado para pagar aproximadamente el 12% de los puntos adicionales y los honorarios.

La mayoría de los prestamistas de capital privado cobrarán entre dos y tres puntos, pero esto no está desglosado por año, así que no importa cuánto tiempo usted decida pedir prestado el dinero, esto es lo que usted va a pagar por el dinero que pide prestado. Los cargos serán diferentes, pero puede que se le pida que determine un "punto" extra, o un 1% adicional, por los gastos anteriores.

Eso significa que, si planea pagar a un prestamista privado el 12%, eso será igual al 1% cada mes que pida prestado el efectivo. Si planea mantener el dinero durante cuatro meses, entonces tendrá que calcular un 4%.

4. Determine su oferta

Una vez que desarrolle el método correcto de calcular su precio de venta potencial, y pueda estimar los posibles costos, entonces es el momento adecuado para hacer la oferta de precio.

Hay diferentes fórmulas que puede usar para determinar qué ofrecer en una propiedad específica.

Fórmula 1:

(ARV) – (Costos de reparación) – (Costos de cierre y conservación) – (Ganancia deseada) = Precio de la oferta

Esta es la fórmula más básica, y quizás el medio más exacto para determinar su oferta de precio.

Se reduce a averiguar por lo que usted puede vender la propiedad y restar todos sus costos y ganancias esperadas. Y entonces obtiene su oferta de precio.

Su ganancia esperada, por supuesto, estará determinada por cuánto quiere ganar. Tal vez tenga que dejar algún margen de error, pero descubrirá que si baja demasiado sus ofertas, las posibilidades de comprar muchas casas serán escasas.

En la mayoría de los casos, es mejor asegurarse de que su beneficio implique un % contrario a sólo un número. Tiene que ver con la gestión de los rendimientos del capital, el riesgo y el panorama general. Como consejo rápido al empezar, puede calcular el 10% de su ARV para la ganancia. Por lo tanto, si el ARV es de alrededor de 250.000 dólares, entonces la ganancia será de 25.000 dólares.

Fórmula 2:

ARV x 70% – Costos de reparación = Precio de la oferta

Esta fórmula también se conoce como la "regla del 70%".

A partir de esta fórmula, se selecciona por lo que la propiedad debe venderse y se restan los costos de reparación, y luego se reserva el 30% para tener en cuenta los costos de conservación y cierre.

He aquí un ejemplo:

Supongamos que una casa arreglada cuesta 200.000 dólares y los costos de reparación 25.000 dólares, entonces así es como debe determinar su oferta:

$200.000 (ARV) x 70% - $25.000
(Reparaciones) = **$115.000**

Sin embargo, una cosa que hay que saber es que no se trata de una fórmula que se ajuste solo a los valores, sino que hay que ajustar algunas cosas en función del alcance del proyecto, el plazo, las condiciones del mercado y los medios de financiación.

A veces esta fórmula se utiliza con el 60%, el 80% o incluso el 90%. Pero si recién está comenzando, puede estar seguro aplicando la regla del 70% y luego cambiándola a partir de allí.

Hasta ahora, usted ha aprendido algunas grandes ideas sobre cómo calcular el ARV de una propiedad, sabe cómo estimar las reparaciones, y sabe qué esperar para los costos de cierre o de conservación. Incluso ha aprendido algunas grandes fórmulas para ayudarle a determinar sus acuerdos.

Al principio, se sentirá abrumado, pero nadie dijo que reformar casas era tan fácil como uno, dos, tres, y si alguien le ha dicho eso, ¡está soñando!

Encontrar, gestionar y pagar a los contratistas

Para cualquiera que haya intentado reclutar a un contratista o incluso a un obrero para que venga a hacer algunas reparaciones en su negocio o casa, probablemente sepa lo difícil que puede ser encontrar al mejor contratista. Entonces, ¿por qué es tan difícil?

Hay dos razones principales:

1. Los contratistas no son buenos dueños de negocios. Este tema es parte de la mentalidad del "E-myth, el mito del emprendedor", que dice que porque una persona sabe hornear, puede dirigir una panadería. O simplemente porque alguien sabe cómo mover un martillo, ¡puede responder a una llamada telefónica a tiempo!

2. Los inversores inmobiliarios buscan un gran acuerdo, lo que significa que no involucran a los "grandes" - aquellos que tienen experiencia en la gestión de sus negocios- porque saben que será demasiado costoso.

Entonces, ¿qué puede hacer un inversor? ¿Cómo pueden añadir un contratista a su "equipo"?

Un gran contratista que pueda convertir su casa de un estado de inhabitable a "lista para vender" será importante en su negocio de reforma de casas.

Desafortunadamente, hay narraciones aterradoras sobre contratistas inadecuados que resultan en enormes retrasos y dolores de cabeza. Por lo tanto, esta sección examina algunos métodos para encontrar a los mejores contratistas y asegurar que la inversión de reforma de su casa funcione sin problemas.

Primero, ¿en qué lugares se pueden encontrar contratistas? A continuación, se presentan algunas opciones que se han encontrado que funcionan:

1. Referencias del REIC

Puede empezar visitando su Club de Inversión Inmobiliaria local (REIC, por sus siglas en inglés). Los inversores que vengan a las siguientes reuniones posiblemente tengan algunas referencias para que usted las busque. Y como puede estar seguro de que han trabajado con ellos antes, sabe que los contratistas tendrán un excelente historial. Este tipo de conexiones pueden ser beneficiosas.

2. Área de explotación

Otro medio para conseguir contratistas es caminar por su "área de explotación" y buscar contratistas. Acérquese y comience una conversación. Tendrá la oportunidad de ver cómo hacen su trabajo y el tipo de trabajo que hacen en un ambiente de la vida real.

3. Ferreterías

También puede buscar contratistas cerca de su Home Depot local. Debería tratar de aparecer temprano para estar seguro de que estará trabajando junto a una persona con un historial de trabajo profesional. Es fácil identificarlos porque son los que están comprando una cantidad considerable de suministros para la restauración de viviendas.

4. Buscar en línea

No hay necesidad de simplificar esto: busque un contratista local en línea. Contacte con ellos por teléfono y averigüe cómo los califica. Pídales que le proporcionen referencias y solicite permiso para ver sus proyectos. Sin embargo, tenga en cuenta que el mero hecho de llamarlos no implica que tenga que darles el trabajo.

La regla de 3

Si está empezando en el negocio de las casas, la Regla de 3 es la mejor herramienta para ayudarle en cualquier momento que quiera contratar a un contratista.

Cuando esté a punto de contratar a un contratista, céntrese en comenzar con tres contratistas diferentes para que le proporcionen sus estimaciones. Cuando termine de conocer a cada uno de ellos y sepa algo sobre su perspectiva, se sorprenderá de lo mucho que ha aprendido.

Un consejo rápido

Una vez que se familiarice con los gastos de la restauración, puede enviar preguntas a los posibles contratistas sobre su estructura de honorarios. Aquí hay un rápido secreto que siempre puede usar cuando busque un contratista:

Solo pídales que le digan cuánto quieren que se les pague por pintar el interior de una casa de 1.500 pies cuadrados, más los techos.

Ahora, si le cotizan el "mejor" precio, deberían estar dispuestos a hacerlo por 1 dólar por pie cuadrado. Eso significa que, si dicen una cifra aproximada de unos 3.000 dólares, entonces se puede decir que no son el mejor contratista porque no saben el valor correcto cuando trabajan con inversores inmobiliarios y realizan un negocio repetido.

Y así se ha ahorrado una gran cantidad de tiempo.

¿Subcontratar o no subcontratar?

Hay varias escuelas de pensamiento que animan a uno a emplear subcontratistas y administrarlos por su cuenta, o no. Sin embargo, es mejor trabajar con un contratista general. Si usted contrata al contratista general adecuado, ellos aprenderán a trabajar y manejar a su gente, así que usted trabajará directamente con ellos y pagará solo a un único contratista. Y cuando encuentra el contratista general adecuado, no solo sabrá cómo ocuparse de todo su proyecto, sino que podrá controlar diferentes proyectos a la vez. No hay nada más terrible que tratar de controlar y pagar a diferentes contratistas al mismo tiempo.

Incluso cuando su proyecto exija que contrate a un subcontratista, traiga a un contratista general para que se encargue del proyecto. Le ahorrará mucho tiempo.

Sistemas y materiales

Puede llevar tiempo, pero después de las dos primeras restauraciones, usted necesita compilar una lista de todos los accesorios, colores y números de referencias de los diferentes materiales de restauración que utilice. Esa será su hoja de precios. Después de algún tiempo, cambiará un artículo por algo que funcione mejor, pero en la mayoría de los casos, necesita tener una lista de productos que su contratista vaya a utilizar en cada proyecto de restauración.

Puede haber períodos en los que una casa no requiera nuevas encimeras u otra cosa, así que elimine esos de la lista. Pero en la mayoría de los casos, se ahorra mucho tiempo y energía a la hora de planificar una restauración.

La discusión

Como en cualquier forma de negociación, cuando se negocia un proyecto con un contratista, su enfoque debe ser una situación en la que todos ganen.

Después de todo, usted quiere construir un negocio de reforma de casas. Necesita comprar propiedades con un descuento, renovarlas a un precio asequible, y finalmente venderlas para obtener un beneficio. Es crítico considerar que los contratistas quizás pasen aproximadamente la mitad de su tiempo promocionándose. Tienden a pasar muchas horas buscando trabajos por los que ofertar, pujando por las tareas y no ganando la mayoría de sus ofertas.

Así que el objetivo es que sepan que usted no es un cliente "minorista"; su propósito es trabajar con un contratista con el que puede pasar a diferentes proyectos. Haciendo esto, no tienen que pasar muchas horas buscando trabajos para ofertar. Si usted puede ayudarles a tener algo de tranquilidad haciéndoles saber que siempre tendrán trabajo, entonces no necesitan perder su tiempo ofertando.

Solo un recordatorio

Siempre verifique que está trabajando con un contratista profesional que esté asegurado y con licencia. Es muy aconsejable que usted venga con una hoja de precios que demuestre cómo va a pagar en base a los pies cuadrados.

Cuando tenga estos artículos estándar "pre-acordados", le ahorrará mucho tiempo durante la negociación. Trabajará con diferentes contratistas, pero los mejores se quedarán en la cima. Así que hágales saber exactamente lo que quiere, y ambos estarán contentos al final del proyecto.

Inversión a distancia

Es raro mirar más allá de donde se encuentra cuando busca su próxima inversión. La probabilidad de que su área local genere ese tipo de crecimiento es muy pequeña. Y con la mejora de la tecnología, nunca ha sido más fácil mirar más allá del terreno.

No todos los mercados de inversión inmobiliaria son iguales, y donde usted decida invertir su dinero duramente ganado puede ser la diferencia en su retorno de la inversión. Mucha gente se vuelve hacia el vecindario para invertir en bienes raíces, pero podría estar buscando otros mercados para generar tasas de capitalización más altas y crear diversidad en su cartera.

La inversión inmobiliaria a distancia es un área de debate entre los inversores. Un lado apoya la idea de la libertad que encontraron cuando decidieron invertir en lugares lejos de donde se encuentran, mientras que otros rechazan esto. Consideran que es una aventura arriesgada.

Entonces, ¿quién tiene razón?

¿Debería decidir invertir fuera de su estado? ¿Es rentable la inversión inmobiliaria a distancia? ¿Está bien para usted o debería mantener su inversión local? En bienes raíces, la ubicación es un factor significativo que determinará la cantidad de ganancias que puede obtener.

Y si el lugar en el que decida invertir es importante, la discusión entre lo remoto y lo local debería quizás extenderse más de lo que lo hace ahora.

¿Qué es la inversión a distancia?

La inversión a distancia es una simple técnica de inversión inmobiliaria en la que usted decide invertir en mercados fuertes fuera de los EE. UU. Esto significa que usted es dueño de propiedades de ingreso en estos mercados y colabora con un socio para supervisar la gestión diaria.

Mitos sobre la inversión a distancia en bienes raíces

Lo principal que impide a los inversores inmobiliarios a intentar hacer inversiones a distancia es el miedo a lo desconocido. Algunas de las preocupaciones tienen algunas verdades, mientras que otras parecen menos verdades basadas en la forma en que se invierte y el grado de debida diligencia aplicado.

Invertir a distancia es costoso

No siempre es tan cierto como la mayoría de los inversores piensan. Pero, ¿por qué lo dice la gente? Porque usted tendrá que subcontratar todo cuando decida invertir a distancia. Como se encuentra lejos del lugar, tiene que contratar a un casero para que trabaje en su nombre. Usted necesita buscar un equipo de gestión de la propiedad, y encontrar a la persona adecuada para hacerlo es, por supuesto, muy caro.

Por otra parte, encontrar una empresa que pueda manejar todas las responsabilidades por usted es una inversión significativa, especialmente si planea construir su cartera en el lugar con el equipo de gestión.

No solo esto, sino que también es un poco caro debido a las diferencias en el costo de vida y los precios en todo el país. Así que una de las principales razones que hacen que los inversores se vuelvan a la inversión a distancia es porque el mercado local no genera una inversión rentable.

Capítulo 3: Venta al por mayor de propiedades

La venta al por mayor de bienes raíces es el mejor método de inversión en bienes raíces. Sin embargo, antes de que pueda lograr el éxito como mayorista de bienes raíces, usted necesita entender los detalles de la misma. Antes de entrar en detalles, es esencial saber qué es la inversión en bienes raíces comerciales. Cuando hablamos de la venta al por mayor de bienes raíces, significa que su papel es el de intermediario: consigue un vendedor motivado, discute la propiedad por un precio bajo específico, y luego revende la propiedad por un precio bajo, pero más alto que la estimación inicial. La diferencia entre los dos precios es su beneficio.

¿Por qué en Bienes Raíces?

Si tiene una hipoteca, entonces está invirtiendo en bienes raíces, y esto significa que es un inversionista de bienes raíces. Hay muchas razones por las que usted necesita estar involucrado en una transacción de bienes raíces y tener su propiedad.

Cada uno tiene diferentes razones por las que quiere invertir en bienes raíces. Sus intenciones son un factor de motivación en la elección de su modelo de negocio, pero existe algo para cada uno.

Si está buscando libertad financiera a largo plazo, entonces tendrá sentido crear su cartera de alquileres para que pueda recibir el flujo de efectivo cada mes.

Para aquellos que no están interesados en trabajar mucho y pueden querer pasar su tiempo viajando, los alquileres llave en mano o la venta al por mayor pueden ser grandes opciones.

Los individuos que buscan administrar y trabajar en la restauración pueden obtener grandes ganancias a corto plazo a través de proyectos de reparación y reforma.

Con varias estrategias de salida vienen diferentes beneficios a aprovechar. Sin embargo, no todos los beneficios pueden aplicarse a cada estrategia de salida.

Por esa razón, si usted está atascado y no sabe si invertir en bienes raíces, aquí hay algunas razones que deberían ayudarle a tomar una decisión:

1. Los bienes raíces han tenido flujo de dinero durante muchos siglos

La generación de ingresos mediante la posesión de tierras y propiedades ha sido una tendencia común durante siglos. El feudalismo fue una mezcla de costumbres legales y marciales durante la Europa medieval que se expandió entre los siglos IX y XV. Era un sistema que organizaba la sociedad basado en las relaciones en términos de posesión de tierra a cambio de roles de servicio y trabajo.

No ha cambiado mucho desde entonces. El alquiler de bienes raíces es uno de los tipos de negocio más antiguos. En el pasado, la nobleza poseía un extenso territorio; la clase alta controlaba a la clase baja. Hoy en día, incluso si los ricos tienen vastas tierras y propiedades, es una historia diferente, en la que cualquiera puede poseer tierras y propiedades si tiene suficiente capital.

2. Revalorización

La mayoría de los productos que usted compra a menudo se deprecian con el paso del tiempo. Sin embargo, los bienes raíces son una de las pocas cosas que usted puede estar seguro de que se revalorizarán a medida que siga siendo propietario de ellos. Y esta es la razón por la que las propiedades de alquiler son una gran opción porque lo más probable es que tenga un plan para mantenerlas durante un número específico de años.

Mientras que el mercado experimenta varios ciclos, los bienes inmuebles se jactan de una revalorización constante a lo largo del tiempo. Hay un aumento continuo de la demanda de propiedades de alquiler en los EE. UU., y con esta demanda, los precios aumentan.

En otras palabras, siempre y cuando se compre al precio correcto y en el lugar adecuado, se debe esperar a ver cómo el valor de la propiedad aumenta a lo largo del tiempo a favor de un inmueble de alquiler. El beneficio adicional de que su inquilino pague puede generar un gran porcentaje de ganancia a la larga.

3. Flujo de dinero en los alquileres

Las propiedades de alquiler son la mejor opción de inversión a largo plazo. Con un inmueble de alquiler, normalmente, usted obtendrá un beneficio cada mes de liquidez por cada propiedad, que comienza a acumularse a medida que desarrolla su cartera de alquiler. Cuando tenga propiedades de alquiler, hará que los inquilinos paguen la hipoteca y paguen lo suficiente para cubrir sus "gastos adicionales", y usted permanecerá con muchas ganancias.

Invertir en una sola propiedad de alquiler no causará un daño masivo a su libertad financiera, pero generará dinero de forma mensual siempre y cuando alguien viva en la propiedad.

Con una inversión de alquiler, cuanto más posea, mejor. Si desea reducir el número de alquileres que tiene, es vital crear una empresa de mantenimiento de la propiedad para hacer frente a las operaciones del día a día. De esta manera, es más pasiva, y puede centrarse en conseguir más ofertas.

4. Usted gana el control

Usted se convierte en su jefe cuando es un inversor inmobiliario. Tiene la opción de construir un negocio personalizado para su estilo de vida. ¿Odia la idea de trabajar los viernes? No se preocupe.

¿Quiere probar un nuevo enfoque de comercialización este mes? ¡Claro que sí!

¿Quiere trabajar mientras descansa en la playa? Adelante.

Es bueno concentrarse en sus metas y en su "por qué" para saber por qué trabajar duro. Haciendo esto, usted aprenderá cómo hacer ingeniería inversa de lo que necesita hacer cada mes para que usted pueda estar en el camino de cumplir sus metas.

Si desea generar una cierta cantidad de ingresos cada mes, entonces puede realizar los cálculos para determinar el número de acuerdos y la cantidad de ganancias que necesita. No olvide contabilizar los costos de cierre, publicidad y restauración para esto.

5. Amortización del capital

Esto también se aplica a los negocios inmobiliarios, pero es importante porque solidifica el flujo de caja. Con la amortización del capital, siempre y cuando tenga un inquilino ocupando la propiedad, el pago de la hipoteca se pagará por usted. Con el paso del tiempo, tu hipoteca puede incluso ser pagada en su totalidad, sólo por los inquilinos que pagan su alquiler. Después de esto, su liquidez mensual aumentará muy rápidamente.

6. Beneficios fiscales

Los beneficios fiscales difieren dependiendo de su plan de salida. Usted tiene depreciación, posiblemente flujo de dinero libre de impuestos, la capacidad de realizar un intercambio 101 y mucho más. Hay amortizaciones por los intereses pagados por la propiedad y los gastos extras que implica una propiedad de alquiler.

Aunque no somos asesores fiscales, debe vigilar de cerca sus beneficios fiscales. Es fundamental ponerse en contacto con un asesor de inversiones para asegurarse de que se aprovecha de todos los beneficios fiscales que se aplican.

7. El apalancamiento de otro dinero

La mayoría de los inversionistas en bienes raíces no usan su dinero para pagar un acuerdo en su totalidad. La mayoría pueden hacerlo, pero no tienen que hacerlo, y les permitirá estrechar su negocio más rápido si incluyen el dinero de otras personas.

¿Por qué es así?

Cuando un inversor tiene 100.000 dólares en reservas de efectivo y lo concentra en uno-dos acuerdos, entonces se limitará a esperar hasta que los acuerdos consigan compradores y se cierren antes de tener el dinero en efectivo para utilizarlo de nuevo.

Si utiliza un préstamo de un prestamista, puede poner 10.000 dólares en el acuerdo de su propio dinero y hacer uso del crédito para el pago restante. Pagará el interés por un corto intervalo y cosechará la ganancia del acuerdo.

Según su estrategia de salida, es posible que no necesite un préstamo a largo plazo y que ni siquiera le importe pagar intereses porque le proporcionará un apalancamiento para hacer muchos negocios.

8. Cambio positivo en la economía

En un momento dado, necesitamos un buen karma. Al comprar una casa en apuros o una casa vacía para renovarla, usted estará mejorando el vecindario. La mayoría de las propiedades que los inversionistas buscan son aquellas que no estarían inmediatamente a la venta en el mercado porque requieren mucho trabajo para ser restauradas, y es difícil financiarlas a través de los prestamistas tradicionales. Algunos inversionistas de propiedades que se quedan fuera del estado fallan al no comprometerse con el cuidado adecuado que se necesita para cada propiedad.

La mayoría de los vecinos no quieren estar cerca de una propiedad en deterioro porque puede afectar negativamente el valor de las propiedades a su alrededor.

Al comprar una propiedad de inversión, usted estará de una manera u otra mejorando la calidad del vecindario.

9. Enorme oportunidad de ganancias

Todos se esfuerzan por conseguir una propiedad inmobiliaria de alquiler con un acuerdo lucrativo, pero incluso algunos de los acuerdos de medio rango generarán un beneficio considerable.

Sin embargo, no todos los acuerdos generarán decenas de miles de dólares, pero en general, usted tiene la probabilidad de crear un buen día de pago si sabe cómo analizar correctamente un acuerdo y ofrecer un precio que genere un beneficio cuando usted vende. Las restauraciones suelen tener el mejor retorno de la inversión, pero no debe ignorar otras estrategias de salida.

Ciclos de los bienes raíces

Con la mayoría de las cosas que suceden en la vida, lo mejor que alguien puede decirle es que se dé un respiro y piense en el panorama general. Sin embargo, cuando evalúe los mercados de alquiler para la inversión, se dará cuenta de que necesita entrar en los pequeños detalles.

Al derivar las suposiciones de su mercado local a otro, entonces corre el riesgo de implicar excesivamente al mercado e ignorar posibles negocios que puedan generar una liquidez considerable. Recuerde que los mercados pueden estar en diferentes fases al mismo tiempo. Mírelo como el clima: solo porque esté lloviendo en Nueva York no implica que no pueda haber sol en Washington al mismo tiempo.

Comprender los mercados inmobiliarios, incluyendo los pequeños detalles, y poder identificar la fase por la que atraviesa cada mercado en un momento determinado, es la principal herramienta para detectar una buena o mala inversión.

Los inversionistas inmobiliarios exitosos observan de cerca el ciclo inmobiliario para reconocer las oportunidades de inversión. Al igual que en la gran economía, hay cuatro tipos de fases de bienes raíces:

- Expansión

- Recesión

- Recuperación

- Híper oferta

El ciclo se repite en oleadas, de modo que la última recesión del ciclo genera el período de recuperación del siguiente ciclo. Como inversionista, debe usar el ciclo inmobiliario para medir su plan de inversión. Sin embargo, es difícil saber cuánto tiempo durará cada ciclo.

¿Qué les dice el ciclo inmobiliario a los inversores?

Cuando se mira de cerca la fase actual de los bienes raíces, se puede revelar mucho sobre la conveniencia de una oportunidad de inversión. Averiguar si está en la fase de recuperación, hiper oferta, expansión o recesión le permitirá hacer suposiciones sobre la cantidad de retorno que puede esperar de su inversión. También puede hacer una suposición correcta de cuánto tiempo necesitará mantener la propiedad y cuál será su estrategia de salida. El ciclo inmobiliario puede mostrar el rendimiento de los ingresos y la revalorización de una propiedad específica, y puede indicar el mejor momento para hacer mejoras de capital.

1. Fase de recuperación

La fase de recuperación es la más difícil de detectar. Cuando un mercado de alquiler está en proceso de recuperación de la recesión, la demanda puede ser muy lenta. El crecimiento de los ingresos por alquiler puede parecer plano. Sin embargo, para quienes están siguiendo de cerca los datos, la tendencia al alza de los listados de propiedades y la reducción de la velocidad del declive anterior en la dirección descendente son todos signos de que el mercado se dirige hacia una recesión.

En el momento de la recuperación, las propiedades de valor añadido que requieren renovación exigen un análisis cuidadoso, pero pueden ofrecer una oportunidad de mejorar, adquirir y luego revender el activo para obtener mejores rendimientos durante la fase de expansión entrante. Ese también será el momento de mejorar los activos importantes en un lugar atractivo y llevar el mercado hacia el desarrollo.

2. Expansión

Los mercados en fase de expansión están en proceso de transición y se encuentran con una demanda creciente. El crecimiento de los empleos en los siguientes mercados parecerá fuerte, las rentas aumentarán y las vacantes serán bajas. Los nuevos puestos de trabajo en la construcción son importantes, y en el punto álgido de la fase siguiente, tanto la oferta como la demanda se equilibran. Durante este período, los inversionistas pueden aprovechar el aumento de la demanda.

También es el momento adecuado para aplicar tácticas de valor añadido. Los inversores que saben lo que buscan pueden buscar una propiedad segura y descuidada que necesite atención especial, y luego convertir estos activos en plena productividad antes de que puedan ser revendidas para obtener un beneficio específico.

3. Híper oferta

La hiper oferta se produce cuando la economía comienza a decaer o los nuevos desarrollos progresan en paralelo con la caída de la demanda. Ambos afectan a las tasas de ocupación y frenan el crecimiento de los alquileres.

Durante esta fase, los inversionistas inteligentes buscan inquilinos estables y arrendamientos largos. Aunque nadie puede proyectar el momento en que se producirá la siguiente fase de expansión, estos activos a plazo fijo aseguran un cierto grado de alto rendimiento hasta que se libera el siguiente contrato de arrendamiento. Alternativamente, los inversores que pueden mantener un equilibrio pueden utilizar las ganancias de una "desinversión" de propiedades inmobiliarias de primera clase de vendedores demasiado preocupados.

4. Recesión

Cuando las partes en el mercado no quieren identificar una crisis o deciden ignorar los signos de alerta de una advertencia, la fase de híper oferta puede caer en la fase de recesión. Una recesión se distingue por su fuerte oferta, reducciones en el alquiler y altas tasas de vacantes. En el siguiente mercado altamente saturado, los inversionistas que quieran asumir un alto riesgo pueden buscar casas de propiedad de bancos en dificultades, desarrollos de terrenos vacíos, y proyectos de construcción a un precio amigable. Esta es una opción a largo plazo para el inversor paciente dispuesto a trabajar para mejorar el activo y mantenerlo hasta el momento en que el ciclo vuelva a la fase de recuperación. Los inversores tienen que ser selectivos o se arriesgan a ser atrapados en una inversión fallida.

Último aporte

Lo más importante que hay que recordar es que los mercados pueden estar en diferentes ciclos al mismo tiempo. Por lo tanto, un plan que funcione en la fase de híper oferta en Nueva York será menos operativo en la fase de recesión en California.

Además de esto, es difícil predecir el tiempo que puede durar cada fase. Incluso si consideramos los datos históricos, es difícil basarse en los mismos altos y bajos porque la economía es dinámica. Además, los ciclos pueden ser diferentes según la geografía y la clase de activos; el objetivo es mantenerse alerta y aprender los matices de cada mercado y la estrategia correcta para llevar a cabo cada escenario. Al hacerlo, puede establecer una cartera de inversión inmobiliaria diversificada lo suficientemente fuerte como para prevenir cualquier tormenta.

Consejos para ajustar su estrategia al ciclo

Recuerde que los cuatro ciclos inmobiliarios no ocurren en períodos iguales. La recuperación puede ser corta y la transición rápida a la expansión, o puede durar años. El ciclo inmobiliario también cambia según factores geográficos y de clase de activos. Los inversionistas inteligentes tratan de equilibrar el rendimiento de los altos y bajos usando una cartera de inversión diferente concentrándose en diferentes métodos.

Lo que todo el mundo debería saber sobre la inversión en bienes raíces

Si está interesado en convertirse en un exitoso inversor inmobiliario, entonces tal vez debería comenzar por aprender todo lo que necesita saber sobre la inversión inmobiliaria.

Cuando hablamos de "todo", no significa necesariamente los detalles iniciales de cada característica, sino las diferentes características en sí mismas.

Hay algunas ideas cruciales que todo el que quiera invertir en bienes raíces debe tener en cuenta. Aprender todo exige saber tres aspectos antes de profundizar en el aprendizaje de cada característica en detalle.

Hoy en día, todos los que usted conoce parecen ser expertos en inversiones inmobiliarias. Aunque es cierto que los bienes raíces han hecho ricos a muchos estadounidenses, esto no implica que todos sepan cómo obtener grandes ganancias en bienes raíces o incluso manejar un negocio de bienes raíces. Esta sección ha desglosado la lista en cinco aspectos significativos, y qué es lo que usted necesita saber para tomar las mejores decisiones de inversión y tener éxito como inversionista de bienes raíces:

Revalorización

La revalorización se refiere al aumento del valor de los bienes inmuebles después de un cierto período debido a diferentes factores, como el crecimiento y el desarrollo de la zona, o el rendimiento del mercado inmobiliario en su conjunto.

Si bien la mayoría de los principiantes en el sector inmobiliario creen que pueden invertir en bienes raíces para la revalorización, es esencial comprender que la revalorización de la inversión inmobiliaria es sólo la guinda del pastel.

La revalorización es algo difícil de predecir, y planificar una inversión en torno a ella puede ser un enfoque arriesgado. Por lo tanto, cuando vaya a invertir en bienes raíces, excluya la revalorización del conjunto y planifique los beneficios que puede generar sin la revalorización. En el caso de que la revalorización ocurra, entonces estará generando un beneficio extra que puede ser significativo. Sin embargo, no invierta en bienes raíces solo por la revalorización, esto es algo que no debe olvidar nunca.

Estrategias de inversión

Una de las primeras cosas a las que debe prestar atención cuando se trata de todo lo que debe saber sobre la inversión en bienes raíces es que hay diferentes estrategias de inversión que puede aplicar.

Las estrategias de inversión que existen en el negocio inmobiliario son muchas y difieren entre sí. Hay estrategias de inversión tradicionales que han existido desde el comienzo de la inversión inmobiliaria; por ejemplo, la estrategia de alquiler convencional o la estrategia de "reparar y reformar".

También hay otras estrategias modernas de inversión que se pueden aplicar; como la estrategia de alquiler con opción de compra y la de arrendamiento.

Es vital que aprenda las diferentes estrategias de inversión para identificar una que sea adecuada para usted y una que pueda utilizar para generar ganancias y en la cantidad de tiempo que desee.

Las matemáticas

Lo que esto significa es que es necesario conocer los diferentes parámetros utilizados para evaluar una propiedad de inversión y determinar su viabilidad y el beneficio esperado, lo que también debe incluir la forma de calcular los parámetros y lo que significa.

Tal vez esté familiarizado con el retorno de la inversión. Lo que tal vez no sepa es que la inversión en bienes raíces tiene numerosos métodos para ayudarle a determinar el retorno de la inversión. Además, cada técnica tiene una aplicación y ventajas únicas. Todo esto depende del tipo de estrategia de inversión que seleccione o del tipo de propiedad en la que invierta.

Algunas de las métricas más populares en el negocio de los bienes raíces incluyen el dinero de retorno y la tasa máxima. Los dos siguientes parámetros determinan el retorno de la inversión usando información única sobre su propiedad de inversión.

Leyes e impuestos

Las leyes y los impuestos tienen un papel crucial en la inversión inmobiliaria, y determinará todas las características de su inversión.

Además, el mayor riesgo de invertir en bienes raíces es la falta de educación o conocimiento sobre los impuestos y leyes que afectan a su inversión. En la mayoría de los casos, la falta de comprensión de los impuestos o las leyes que se aplican a su inversión en bienes raíces puede causar problemas graves que pueden llevarle a perder la propiedad y todo el dinero de su inversión.

El mejor método para asegurarse de que conoce todas las leyes e impuestos que afectan su inversión es buscar un experto en impuestos o un asesor legal. Estos son profesionales que lo guiarán para entender las diferentes normas y regulaciones.

Financiación

Usted sabe que invertir en bienes raíces requiere que una persona tenga una gran suma de dinero para comprar una propiedad y realizar reparaciones y renovaciones.

Se preguntará cómo es que todo el mundo parece tener todo el dinero necesario para llevar a cabo una empresa inmobiliaria. Sin embargo, la mayoría de las personas que invierten en bienes raíces no usan su dinero para comprar propiedades, sino que piden prestado el dinero a un prestamista. Una vez que llegue al punto en el que está buscando un medio para financiar la compra, debe saber las opciones que tiene para financiar su inversión.

Hay una gran variedad de préstamos e hipotecas que son accesibles a los inversores inmobiliarios. Cada uno tiene sus ventajas y desventajas, con algunos diseñados para estrategias de inversión específicas.

Al entender sus opciones, le permitirá crear un mejor plan para su inversión y todas las características asociadas a ella con la menor cantidad de riesgo. Esto también le ayudará a descubrir más acerca de las posibles ganancias que puede generar la inversión inmobiliaria.

El resultado final es que la inversión en bienes raíces es mucho más que comprar una propiedad y esperar a que su valor aumente.

Todo lo que necesita saber sobre la inversión en bienes raíces debe aprenderse antes de pensar en invertir, después de haber aprendido sobre cada característica, dedique un tiempo a desarrollar su plan de inversión perfecto y aplique cada paso con precaución si quiere evitar perder su inversión.

Por último, asegúrese de que está familiarizado con los servicios y herramientas a su disposición para que pueda optimizar sus beneficios y reducir la cantidad de esfuerzo y tiempo necesario para ejecutar sus inversiones.

Venta al por mayor a trabajadores minoristas

Se puede obtener grandes ganancias en el sector inmobiliario mediante la venta al por mayor de propiedades, pero no es tan fácil como se piensa. A la mayoría de los expertos les gusta enseñar que la venta al por mayor es un medio natural para acumular riqueza sin ningún capital inicial. ¡Sí! La venta al por mayor es un gran negocio, pero a menudo requiere un capital inicial. Esta sección le ayudará a aprender cómo funciona la venta al por mayor, lo que debe esperar en el negocio y las cosas que debe hacer para tener éxito.

Muchas personas pueden no estar familiarizadas con la idea de la venta al por mayor de bienes raíces, pero no es difícil: un mayorista compra y vende propiedades muy rápido, incluso sin hacer ninguna restauración, o reciben la propiedad bajo contrato y asignan el acuerdo a un comprador diferente.

Muchos inversionistas de bienes raíces se inician en la venta al por mayor porque es una forma asequible de generar dinero. Honestamente, muchas personas que quieren dedicarse a la venta al por mayor, no ganan mucho dinero porque se rinden como resultado del trabajo duro y el compromiso necesario para construir un negocio activo de venta al por mayor. Los mayoristas que deciden mantenerse y perseverar, tienen una excelente oportunidad de ganar millones de dólares con la empresa.

Entonces, ¿qué es la venta al por mayor de bienes raíces?

La venta al por mayor se basa en la idea de comprar y vender casas en un corto período de tiempo sin hacer ninguna renovación. Un mayorista buscará casas bajo contrato que estén por debajo del valor de mercado y venderá las casas o asignará el trato a un inversor diferente. El mayorista venderá la casa a los inversores que luego podrán pagar en efectivo porque no hay tiempo para recibir un préstamo, y no hay avalúos.

El mayorista no necesita utilizar su dinero porque aplica un doble cierre o una cesión de contrato. Cada vez que se realiza un doble cierre, la compañía de títulos aplicará el dinero del inversor final para pagar al vendedor inicial, de modo que el mayorista no ceda al inversor el contrato que tenía con el vendedor, y el inversor se convierta en el comprador.

¿Cómo se lleva a cabo un acuerdo con un mayorista?

El proceso que implica un acuerdo de venta al por mayor puede parecer complicado, pero es sencillo una vez que se determina cómo funcionan las piezas móviles y se cuenta con la asistencia de las personas adecuadas. A continuación, se muestra cómo se desarrolla el proceso:

Encontrar el acuerdo

Un mayorista habitual puede hacer uso del envío de postales dirigidas a los propietarios que no habitan en la casa para intentar comprar la propiedad. Los propietarios ausentes a veces están motivados porque no residen en la casa y pueden tener malos inquilinos. El mayorista también puede tratar de buscar una oferta en muchos otros lugares, incluyendo subastas, ventas directas con el propietario (FSBO, por sus siglas en inglés), el servicio de listado múltiple, y conduciendo por determinados vecindarios en busca de oportunidades.

Conseguir una casa bajo contrato

Una vez que usted encuentra un posible acuerdo, necesita hablar con el propietario y conseguir la casa bajo contrato. El mayorista tiene que ser consciente de cuánto cobrarán sus compradores inversores por la casa y la pondrán bajo contrato por una cifra inferior a esa. El mayorista crea la diferencia entre lo que recibe la casa bajo contrato y lo que el comprador va a pagar. Conseguir la propiedad bajo contrato implica que el vendedor y el mayorista firmen un contrato con todos los términos acordados del convenio.

Buscar un comprador a quién asignar el contrato

Una vez que el mayorista obtiene la propiedad bajo contrato, hay que buscar un comprador. Los mayoristas deben tener nombres de compradores a los que puedan enviar la oferta. Cada mayorista es único en la forma de tratar con los compradores porque algunos ofrecerán la casa en base a quién llega primero, y algunos pueden tener un sistema de ofertas donde el mejor postor consigue el acuerdo.

Preparar el cierre con una compañía de títulos

Una de las características significativas de un negocio mayorista exitoso es identificar una compañía de títulos que sea favorable para los inversores. No todas las compañías de títulos llenarán un doble cierre o aprenderán cómo trabajan los mayoristas. La gran parte de los mayoristas exigen al comprador final que haga un depósito de garantía no reembolsable a través de su compañía de títulos. En caso de que el inversor se retire, el mayorista recibe el depósito de garantía.

Determinar el cierre

La compañía de títulos tiene que asegurarse de que la propiedad tenga un título claro. Una vez verificado esto, se determina el cierre, y la compañía de títulos generará el papeleo y se organizará para un día de firma. El mayorista tiene que confirmar que la casa está en las mismas condiciones que cuando el comprador final declaró y que la propiedad es accesible y está vacía.

Hay muchos pasos a seguir antes de que se cierre un acuerdo de venta al por mayor, y no es fácil (como dicen muchos). La parte más difícil es conseguir tratos que sean atractivos para el comprador final.

¿Cuáles son algunas de las cosas con las que un mayorista debe tener cuidado?

Como mayorista, su responsabilidad es tomar el título de propiedad de la casa o ganar su interés de ella. No es correcto presentar un comprador y un vendedor y luego solo recibir una comisión. Eso será equivalente a la intermediación en el negocio inmobiliario, y debe asegurarse de que tiene licencia para hacerlo. Tenga en cuenta que es contra la ley estar involucrado en un negocio de bienes raíces sin una licencia genuina. Eso explica por qué muchos mayoristas utilizan un doble cierre para firmar un trato o asignar un contrato. También debe tener cuidado al enviar información acerca de sus clientes a otros agentes inmobiliarios o inversores a cambio de una comisión en caso de que la casa cierre. Eso también se considera como llevar a cabo un negocio de bienes raíces sin licencia. Podría haber algunos casos en los que usted recibe un pago por cada prospecto, tanto si la propiedad cierra como si no. Es esencial ponerse en contacto con un abogado para obtener asesoramiento jurídico particular.

¿Cuánto dinero puede ganar un mayorista por cada acuerdo?

El mayorista gana dinero cobrando al comprador final más que la cantidad de dinero con la que obtuvo la casa bajo contrato. La cantidad de dinero que ganan difiere de un mayorista a otro, el tipo de trato y muchos otros factores. Algunos mayoristas solo ganan unos pocos miles de dólares en cada trato, mientras que otros ganan 200.000 dólares en un trato multimillonario considerable. Sin embargo, algunos se sienten cómodos con 5.000 dólares por trato, mientras que otros se acercan a los 20.000 dólares por trato. Los mayoristas que ganan mucho dinero por trato tienen una lista de compradores más larga y a menudo consiguen que los compradores paguen más que el precio de venta.

¿Cuánto dinero ganan los mayoristas?

Al igual que los profesionales de otras industrias, algunos mayoristas saben cómo trabajar de forma inteligente y ganar una gran suma de dinero; otros no trabajan de forma inteligente y fracasan. Los inversores inmobiliarios que están contentos con la empresa mayorista tienen diferentes sistemas que les ayudan a encontrar compradores y ofertas. Algunos mayoristas ganan entre 20 y 50.000 dólares al mes, pero no son los típicos mayoristas. Podrían estar vendiendo entre cinco y diez casas cada mes para ganar esa enorme suma de dinero. Los mayoristas involucrados en muchos tratos han construido un gran negocio. En otras palabras, no están manejando este negocio por su cuenta, pero tienen un equipo. Por ejemplo, su equipo estará compuesto por un gerente de contratos, una persona de adquisiciones, un contador, un comercializador y muchos más. Los mayoristas que hacen la mayoría de estos tratos también gastan un porcentaje significativo de dinero en la comercialización. Algunos envían entre 10 y 20.000 correos cada mes.

Para empezar, puede apuntar a vender cinco-diez tratos al por mayor en el primer año si dedica su tiempo y esfuerzo. Eso puede traducirse en un ingreso neto de 25 a 50.000 dólares. Sin embargo, es posible que no genere ningún dinero unos meses después de empezar. Esto no debería decepcionarle; es parte de la curva de aprendizaje en cualquier empresa que inicie. Solo recuerde que toma tiempo comercializar, ganar el corazón de los vendedores, hacerlos firmar un contrato y asegurarse de que el comprador final esté dispuesto a comprar la casa. Tiene que permanecer resistente y optimista, incluso cuando parezca que no va a lograrlo. Si usted es una persona emprendedora, entonces podría ganar mucho dinero. Otros podrían ganar sólo unos pocos miles de dólares. Cuando todo no vaya bien, recuerde que ni siquiera los mayoristas súper exitosos lograron el éxito de la noche a la mañana. Tuvieron que pasar por los mismos problemas que usted está experimentando. Y tal vez para ellos, fue peor. Necesitará renunciar al sueño en el primer año de su negocio, por lo que sí sólo está comprometiendo un par de horas cada semana, y espera llegar a los 100.000 dólares por año, probablemente se decepcionará.

¿Cuáles son algunos de los errores comunes que cometen los mayoristas?

La mayoría de la gente que quiere convertirse en mayorista de bienes raíces rara vez hace un trato. Algunos de ellos tienen ciertas ideas equivocadas sobre cómo funciona el negocio, y no se dan cuenta de la cantidad de trabajo que se necesita para convertirse en un mayorista de bienes raíces. A continuación, algunos de los errores cometidos:

No saber lo que un inversor de capital pagará

La parte más crítica de hacer un trato es conseguir un trato. Los novatos en el negocio de la venta al por mayor de bienes raíces piensan que porque encontraron una venta con el propietario o encontraron un vendedor que les devolviera la llamada, han ganado el trato. ¡No! Dónde ha encontrado la propiedad no es esencial, sino que lo más importante es el precio por el que puede conseguir la casa. Si no ve propiedades baratas, ninguno de sus compradores estará interesado en comprarlas, no importa cuántos nombres de compradores tenga en su lista de contactos.

Estrellarse con las promesas de los gurús

Asegúrese de no caer en las promesas de los gurús. Son promesas de conseguir cientos de tratos al por mayor o cierto acceso a ejecuciones hipotecarias no listadas. No se deje engañar por algo como el acceso especial a las ejecuciones hipotecarias no listadas. Solo se consiguen acuerdos con su trabajo duro.

Cifras falsas

La mayoría de los mayoristas tratan de inventar números porque no conocen los números reales o intentan crear algo que no es un trato. Los mejores mayoristas trabajan en negocios repetitivos, pero no intentan atraer a los inversores con malos contratos.

Entonces, ¿cómo puede convertirse en un mayorista de éxito?

Si quiere tener éxito como algunos otros mayoristas que están haciendo una tonelada de dinero con propiedades de venta al por mayor, entonces usted debe estar listo para seguir algunos pasos necesarios para construir un robusto negocio de venta al por mayor:

• Desarrolle un plan sobre cómo quiere comercializar a los vendedores y compradores.

• Empiece por crear una lista de compradores reservando tiempo para ir y asistir a las reuniones de inversiones en bienes raíces o buscar compradores en efectivo.

- Conviértase en un experto en la determinación de valores en su localidad.

- Haga un esfuerzo para aprender cuánto puede costar reparar las propiedades en su área.

- Comience por comercializar las propiedades en su localidad. El mercadeo directo puede ser su mejor estrategia.

- Mantenga la comercialización directa para los compradores. Cuantos más compradores reciba, mejor. Los mayoristas más exitosos nunca dejan de buscar compradores.

- Una vez que los tratos empiezan a fluir, necesita desarrollar sistemas. Comience por colocar diferentes postales y carteles para identificar los que mejor funcionan. Busque personal para aumentar la productividad, y cree un negocio que funcione sin que usted lo haga todo.

Si los pasos anteriores se ven difíciles, es porque es difícil. Si su objetivo es hacer toneladas de dinero en bienes raíces, o cualquier cosa, tendrá que trabajar duro.

¿Cuánto dinero pueden pagar los mayoristas por las casas?

Una de las cosas más cruciales de la venta al por mayor de una casa es saber lo que el comprador está dispuesto a pagar. Nadie va a comprar propiedades si tienen un precio alto. La mayoría de los reformadores aplicarán un porcentaje del ARV para saber cuánto pagarán por una casa. La regla del 70% es común entre los reformadores. Ya ha aprendido sobre esto en el capítulo anterior.

Una vez que un mayorista es consciente de cuánto puede pagar un inversor por una casa, tiene que conseguir que firme un contrato. Un buen mayorista tiene que estar familiarizado con los valores del lugar y desarrollar una idea de lo que costará renovar una casa.

¿Cómo buscar propiedades al por mayor?

Hasta ahora ha aprendido mucho acerca de por qué es esencial hacer un buen acuerdo cuando se vende al por mayor, pero ¿puede hacerlo? A continuación, usted aprenderá las diferentes maneras en que puede obtener propiedades baratas. Los expertos le dirán que encuentran grandes ofertas en las subastas, Zillow, Craigslist y MLS. Sin embargo, los mayoristas exitosos tienden a obtener sus ofertas a través de la comercialización directa:

MLS

Los mayoristas pueden visitar el MLS y comprar casas, pero es un poco difícil. Cuando adquiere una casa del MLS, el mayorista puede usar un agente de bienes raíces, y puede que tengan que hacer un doble cierre. La mayoría de los vendedores del MLS, como las casas y bancos del Departamento de Vivienda y Desarrollo Urbano (HUD por sus siglas en inglés), no permiten contratos asignables. Un doble cierre ocurre cuando la compañía de títulos usa el dinero de los inversionistas finales para comprar la casa del vendedor original. Algunos vendedores no permitirán un doble cierre porque tienen restricciones de escritura en el plazo en el que la propiedad puede ser vendida de nuevo después de venderla. Es difícil comercializar embargos por esta razón, pero algunos mayoristas han aprendido a comprar las Sociedades de responsabilidad limitada (LLCs, por sus siglas en inglés) y venderlas.

Hay diferentes métodos para comprar una casa del MLS que no sea un embargo. Los acuerdos del MLS no son accesibles a los mayoristas porque mucha gente los conoce, y la mayoría de los inversores en efectivo pueden comprar las casas sin un mayorista. En caso de que el mayorista pueda negociar bien o conseguir grandes ofertas, la venta al por mayor de MLS podría ser posible.

Conducir por determinados vecindarios en busca de oportunidades

Conducir en busca de oportunidades ocurre cuando se buscan casas vacías mientras se va en bicicleta, caminando o conduciendo. Cuando ve una casa vacía, se pone en contacto con el dueño de la propiedad y se pone en contacto con él para ver si puede vendérsela a usted.

Correo directo

Esta estrategia implica el envío de cartas, postales y cualquier otra forma de correspondencia a los posibles vendedores. Puede enviar correos a miles de hogares en su vecindario. Debe usar diferentes listas como la de propietarios ausentes para dirigirse a las personas que probablemente sean los vendedores.

Red de contactos

Si tiene una red de prestamistas, agentes, contratistas, familiares, amigos y compañías de títulos, estas pueden ser personas útiles para ayudarle a identificar propiedades al por mayor.

Sitios web

Si puede contratar a alguien para que le cree un sitio web, puede utilizar este sitio web para atraer a los vendedores de su localidad. Eso puede actuar como una gran fuente de prospectos. Aun así, usted tiene Facebook, Craigslist, y muchas otras redes sociales para usar.

Carteles Callejeros

La forma más simple de empezar a comercializar con los vendedores es usar algunos carteles callejeros, que son carteles con el mensaje de que usted compra casas. Los inversionistas prefieren instalar estos carteles en calles o vecindarios concurridos en los que pretenden comprar.

Subastas

También se pueden obtener grandes ofertas en las subastas, pero esto puede ser bastante difícil para muchos mayoristas que las utilizan. La mayoría de las subastas requieren dinero rápido después de que la subasta ha terminado. Puede ser un desafío ofrecer un contrato de subasta para finalizar un doble cierre. El mayorista necesita depositar una gran cantidad de dinero en efectivo, y puede perderlo si no termina el cierre.

Venta directa con el propietario (FSBO)

Este tipo de propiedad puede actuar como una gran fuente de negocios para los mayoristas. Es necesario hacer algunas tareas para encontrarlos. La mayoría de los vendedores de FSBO tienen sitios web para listar sus propiedades. Puede conseguir las FSBO en Zillow, Craigslist, y Facebook.

Conseguir acuerdos con poco dinero

La mayoría de los listados de MLS requieren evidencia de fondos, depósito de garantía y una carta de calificación. Eso dificulta a los mayoristas comprar en el MLS cuando no tienen dinero. La mayoría de los listados de HUD e inmuebles en manos de la banca (REO por sus siglas en inglés) no permiten que una persona firme un contrato. Significa que tendrá que comprar la propiedad. Si usted vende al por mayor una propiedad o título porque no tiene el dinero para comprar dicha propiedad, será difícil comprarla al por mayor en el MLS. Si usted compra propiedades de "vendedores fuera del mercado", entonces será fácil encontrar una casa bajo contrato. El vendedor de una "propiedad fuera del mercado" puede no necesitar presentar una carta de precalificación antes de firmar un contrato.

¿Qué significa "asignar un contrato"?

Usted ha escuchado esta frase ser utilizada varias veces cuando se trata de ventas al por mayor de propiedades, pero ¿qué significa? En pocas palabras, el contrato contiene una cláusula que autoriza su cesión, es decir, que otra persona puede entrar y ser el comprador sin el permiso del vendedor. Un mayorista puede vender el contrato a otro inversor sin comprar la casa. Cualquiera puede entrar y convertirse en el comprador siempre que lo compre en base a los términos del contrato.

Cómo usar un doble cierre de mayorista en una casa

Como mayorista, puede comprar una propiedad y venderla directamente sin usar dinero. Hay que tener una gran compañía de títulos que resulte en un doble cierre. El vendedor venderá la casa al mayorista que la venderá inmediatamente al comprador final. La compañía de título entonces usará el dinero del comprador final para pagar al vendedor inicial.

¿Cómo puede un mayorista encontrar compradores?

La mayoría de los negocios de venta al por mayor no se pueden comercializar en el **MLS** donde los agentes inmobiliarios venden propiedades. Puede poner a la venta una casa de su propiedad, y los mayoristas no son dueños de la propiedad cuando están buscando compradores. Solo tienen la propiedad bajo contrato. Esa es la razón por la que los mayoristas tienen que buscar tanto al comprador como a los acuerdos.

Además, los mayoristas deben cerrar un acuerdo rápidamente para poder asignar un contratista que finalice un doble cierre en el plazo del contrato. A menudo no tienen tiempo para buscar nuevos compradores una vez que encuentran un acuerdo. Sin embargo, está bien que el mayorista tenga una lista de compradores antes de que pueda adquirir un acuerdo. A continuación, encontrará consejos para ayudarle a encontrar compradores:

Reuniones de Inversión en Bienes Raíces (REI por sus siglas en inglés)

Las reuniones y encuentros de inversores inmobiliarios son un gran lugar para buscar compradores inversores. Puede consultar las reuniones buscando las **REI** locales en los clubes de su localidad, buscando en línea, o hablando con los inversores.

Busque las ventas recientes

Busque en las bases de datos públicas a cualquiera que haya comprado una propiedad recientemente por dinero en efectivo. Es probable que sean inversores.

Pase el rato donde los inversores compran propiedades

Vaya a los lugares donde están los inversores; estos lugares pueden incluir ventas fiscales, subastas y todas las grandes áreas donde se pueden encontrar inversores.

Anúnciese

Facebook y las postales en Craigslist pueden ser lugares geniales. O incluso en el periódico.

Buscar otras casas para comprar

Muchas personas que buscan propiedades fuera del mercado son los mismos inversores que compran alquileres. No todos ellos son mayoristas, así que debería buscar gente que esté cazando ofertas, y preguntarles si ellos también son compradores.

Red de contactos

Hable con todos sus contactos locales, incluyendo prestamistas, agentes, compañías de títulos, contratistas, etc.

¿Pueden los mayoristas colaborar con los agentes inmobiliarios?

Los mayoristas no ponen sus casas en la misma plataforma con los agentes inmobiliarios. Los mayoristas no pueden listar las propiedades no solo porque no son los verdaderos propietarios, sino que el mayorista tendrá que pagar una cierta tarifa al agente inmobiliario para vender la casa. Típicamente, el mayorista no tiene suficiente margen para pagar al agente y ganar dinero. Sin embargo, esto no demuestra que los mayoristas no puedan trabajar con los agentes de bienes raíces a través de otros medios.

¿Es posible convertirse en agente inmobiliario y mayorista?

Mucha gente cree que no se puede ser a la vez inversor y agente inmobiliario. Pero es posible. Entonces, ¿por qué la gente sigue diciendo que los inversores no deben ser agentes?

Algunas personas creen que restringe su negocio a trabajar bajo las leyes y directrices con las que los agentes de bienes raíces deben trabajar.

¿Quién paga los costos de cierre de un negocio al por mayor?

Cuando un vendedor pone una casa en venta en el **MLS**, el vendedor a menudo paga algún seguro, algunos de los costos de cierre y la comisión de bienes raíces. Los tratos se diseñan de manera diferente cuando se venden al por mayor. El mayorista dirigirá el costo de cierre al comprador final. Si usted es el comprador, este es un costo adicional que debe tener en cuenta.

Cazar casas o como mejor se conoce "bird-dogging". ¿Qué es eso?

Se encontrará con el término "birddogging" durante la venta al por mayor. Un perro de caza es una persona que busca pistas para inversores o mayoristas. En un momento dado, dijimos que es ilegal recibir una comisión o cuota directamente asociada con la venta de una casa. Así que los perros de caza a menudo superan esto aceptando una comisión por cada prospecto que envían a un inversionista, ya sea que el inversionista obtenga el acuerdo o no.

¿Cómo se consigue un acuerdo de venta al por mayor?

Hemos hablado mucho sobre la venta al por mayor de una propiedad como inversor. Bueno, ¿y qué pasa si usted es un inversionista que quiere comprar acuerdos de venta al por mayor? MLS puede ser un gran lugar para encontrar acuerdos. Lleva tiempo encontrar un buen mayorista. A veces, puede ser decepcionante porque hay mucha gente que dice ser mayorista pero nunca vende al por mayor una propiedad. Así que hay que ser inteligente si se quiere conseguir mayoristas con las mejores ofertas.

¿Cómo se puede comprar una casa a un mayorista?

Cuando un inversor inmobiliario compra una casa a un mayorista, es diferente a comprar una casa del **MLS**. El inversor no tiene mucha flexibilidad en cuanto a la medida en que necesita cerrar. Por lo general, el inversor tiene que comprometerse a un depósito no reembolsable, y no reciben ninguna inspección.

Las propiedades se venden en "condiciones reales", y no se hacen renovaciones. Las siguientes condiciones pueden dificultar la obtención de un préstamo en una operación de venta al por mayor, especialmente cuando el prestamista exige un avalúo. Es difícil comprar un acuerdo de venta al por mayor cuando se es un nuevo inversor debido a estas limitaciones.

Si el mayorista tiene su correo electrónico, recibirá un correo electrónico con el precio, los términos y las reparaciones necesarias. El mayorista entonces compilará una lista de inversores que quieren ver la casa y conocer físicamente a los inversores en la casa.

Cada mayorista hace su negocio de manera diferente, por lo que la forma de tomar una decisión sobre qué inversor obtiene la propiedad es diferente. A veces, el primer inversionista que pide la casa la obtiene. Algunos mayoristas tienen formularios en línea para presentar un contrato, y la mejor oferta siempre consigue el acuerdo. En caso de que el número de inversores no sea suficiente, el mayorista puede decidir negociar la tarifa o intentar que el vendedor baje el precio.

No se entusiasme con cada mayorista que se encuentre

El reto de tratar con los mayoristas es que muchos de ellos no hacen un acuerdo. Encontrará a muchas personas que dicen ser mayoristas sólo porque la venta al por mayor es el tipo más popular de idea de inversión. Hay muchos tipos diferentes de programas que prometen darle mucho dinero sin usar el suyo cuando se vende al por mayor.

Los inversionistas que compran a los mayoristas quieren un descuento significativo de lo que podrían comprar en el MLS. El mayorista tiene que llegar a un acuerdo emocionante que cree margen para que ellos ganen algo de dinero y para que el inversor también gane dinero. Puede tomar tiempo, esfuerzo y mercadeo para conseguir este tipo de tratos.

Aproximadamente el 90% de los mayoristas no encuentran un gran acuerdo para vender. A continuación, algunos de los problemas experimentados con muchos mayoristas:

- Sobrevaloran el valor de mercado y subestiman el costo de la restauración.

- Pueden encontrar casas que creen que son grandes ofertas, pero no saben el precio de mercado.

- No saben la cantidad de ganancia que un inversionista quiere en un acuerdo. La mayoría de los reformadores usan la regla del 70%, y la mayoría de los precios al por mayor no ofrecen ese tipo de provecho.

- Asumen que las renovaciones son el único costo en un acuerdo, y se olvidan de incluir los costos de venta, etc.

- No saben cómo comercializar o no tienen el dinero que necesitan para comercializar.

Evitarán revelar a los inversores que nunca han negociado un acuerdo, por lo que hay que tener cuidado al buscar un mayorista. Puede perder mucho tiempo con aspirantes a mayoristas que nunca le conseguirán un acuerdo. Sin embargo, cuando consigue el mayorista adecuado, puede ser una gran fuente del acuerdo. No tenga altas expectativas de que cada mayorista con el que se encuentre le enviará una colección de acuerdos.

¿Cómo puede encontrar a un gran mayorista?

Hay diferentes maneras de encontrar mayoristas, pero no todos los métodos son efectivos. Aquí hay algunos:

Pregunte por ahí

Algunas de las mejores prácticas para encontrar mayoristas son las redes de inversores, pero pueden ser severas y no proporcionarle su fuente de negocios. Aparte de los inversores, puede preguntar a las compañías de títulos de propiedad, agentes y otros en el negocio. A muchos mayoristas les gusta enviar un correo electrónico a los agentes de bienes raíces para buscar compradores.

Entrar en línea

Muchos mayoristas tienen un sitio web para los inversores que quieren comprar ofertas. Puede buscar en línea mayoristas en su localidad, pero esto puede ser un éxito o un fracaso si ellos tienen acuerdos.

Buscar mayoristas comercializadores

Cuando un mayorista está comercializando, usted sabrá que al menos están buscando ofertas. En lugar de buscar mayoristas, concéntrese en encontrar su comercialización. Preste atención a los carteles callejeros, anuncios de Craigslist, vallas publicitarias, publicaciones en Facebook, y llame al número. Muchos mayoristas comercializan a través de anuncios y comprarán casas rápidamente por dinero en efectivo. Hágales saber que no quiere vender su casa, pero deben incluirlo en su lista de compradores. Si recibe una carta de alguien que quiere comprar una casa, no la tire, llámelo y hágale saber que usted es un comprador.

Encontrar un mayorista no es fácil, pero pueden servir como una gran fuente de negocios. Aunque muchos mayoristas no sean tan buenos, todos los mercados tendrán algunos mayoristas que sabrán cómo negociar los acuerdos.

La venta al por mayor puede ser un medio para comenzar su carrera de inversión en bienes raíces sin mucha experiencia o dinero. Sin embargo, esto no significa que sea un paseo por el parque, o que ganará dinero rápidamente. Se necesita mucho esfuerzo, tiempo y trabajo duro para hacer millones de dólares de propiedades al por mayor. Entrar en el negocio de la venta al por mayor sin tener suficiente conocimiento puede fácilmente hacer que se encuentre en problemas. Por lo tanto, necesita tomarse el tiempo y aprender cómo funciona el negocio, aprender de personas exitosas, conocer su mercado, buscar compradores y participar en muchos negocios de la manera correcta, y puede estar seguro de construir un negocio exitoso.

Capítulo 4: La construcción de un imperio de propiedades de alquiler

Riesgos de la inversión en bienes raíces

Invertir en propiedades de alquiler es una de las mejores fuentes para hacer dinero y crear fortuna. Hay una amplia variedad de beneficios que vienen con la adquisición de propiedades de inversión y la generación de algunos ingresos pasivos de la misma. Sin embargo, tener una propiedad de alquiler puede ser una fuente de inversión segura, pero no todos los inversionistas de alquiler pueden tener éxito en esta industria.

La inversión en bienes raíces tiene diferentes tipos de riesgos, y es por eso que cualquiera que esté a punto de invertir en propiedades de alquiler debe ser consciente de ellos, ya sea un inversionista experimentado o un novato:

1. La incertidumbre del mercado inmobiliario

El negocio de alquiler ha estado creciendo en los últimos años. A pesar de ello, no hay certeza de que esta tendencia continúe. El mercado inmobiliario de alquiler es conocido por sus desafíos debido a la naturaleza dinámica de la condición del mercado. En la inversión inmobiliaria, el mercado juega un papel vital en lo que respecta a la financiación. Por esa razón, es difícil estar seguro de que se obtendrán beneficios cuando se decide vender una inversión inmobiliaria de alquiler.

Por ejemplo, cuando se compran casas cuando la demanda de casas es alta, se puede correr el riesgo de venderlas a un precio más bajo que el precio de compra, especialmente cuando la demanda baja. Eso podría costarle mucho dinero en comparación con lo que ganó al alquilar la propiedad.

Por lo tanto, antes de tomar la decisión final de invertir en el negocio de bienes raíces, primero debe aprender sobre el mercado. Usted necesita saber la tendencia actual del mercado y cómo funciona. A continuación, puede pronosticar si puede obtener una ganancia o una pérdida al vender o comprar una propiedad de alquiler. Además, el pronóstico le ayudará a saber el momento adecuado para una decisión de inversión.

2. Flujos de capital negativos

En la inversión de la propiedad de alquiler, el flujo de dinero de la propiedad de inversión es cualquier tamaño de ganancia que el inversionista de la propiedad generará una vez que pague los impuestos, los costos y los gastos de la hipoteca. El siguiente riesgo que se relaciona con la inversión en propiedades de alquiler es la probabilidad de hacer un flujo de dinero negativo en lugar de uno positivo. En otras palabras, los gastos, los pagos de la hipoteca y los impuestos son más altos que los ingresos de la propiedad inmobiliaria; esto puede hacer que uno pierda algo de dinero.

Este riesgo se produce cuando el inversor de la propiedad compra una propiedad de inversión sin hacer ningún análisis del mercado inmobiliario. Por lo tanto, la forma correcta de mitigar este riesgo es tomarse el tiempo para calcular sus costos y gastos antes de hacer cualquier movimiento para comprar una propiedad de inversión.

También es esencial asegurarse de que el análisis sea profundo, incluso los pequeños gastos que pueden parecer insignificantes se suman a largo plazo.

3. Riesgos relacionados con la ocupación

La compra de una propiedad de inversión no garantiza que tendrá todas las propiedades ocupadas y ganancias rápidas. Existe la posibilidad de que la propiedad permanezca desocupada, lo cual es un riesgo significativo para los ingresos de alquiler del inversor porque puede resultar en un flujo de dinero negativo. Además, dado que los inquilinos son la fuente de ingresos en la inversión de alquiler, una alta desocupación es un gran riesgo para los propietarios que dependen de los bienes raíces como medio para pagar el seguro y otros gastos.

Para eliminar este riesgo, los propietarios de propiedades en alquiler deben comprar activos de inversión en lugares con alta densidad que garanticen la ocupación. Algunos de estos lugares pueden ser vecindarios seguros que cuenten con comodidades.

4. Malas ubicaciones

En la inversión inmobiliaria, la ubicación es esencial. Según los expertos en alquiler, cuando se compra una propiedad de inversión, la ubicación siempre debe aparecer como una consideración principal. ¿Pero cómo es que el "lugar" es un peligro en los bienes raíces?

Primero, la ubicación determinará la demanda y la oferta. Usted puede pensar que un área en particular es una excelente opción para una propiedad de alquiler debido a los precios asequibles. Sin embargo, estos lugares pueden tener muchas propiedades con muy pocas ocupaciones. Por lo tanto, invertir en estos lugares puede ser un gran riesgo.

Además, los inversores inmobiliarios deben mantenerse alejados de las zonas con alta incidencia de delitos. Por otra parte, cuando se invierte en un lugar con alta incidencia de delincuencia, el inversor inmobiliario corre el riesgo de sufrir daños en la propiedad, lo que puede dar lugar a costos inesperados y altos costos de reparación.

Una ubicación también determinará la revalorización. Cuando la tasa de revalorización es baja, entonces el monto de la ganancia que una persona puede obtener al vender una propiedad es bajo. Por esa razón, nunca se debe comprar una propiedad de inversión basándose solo en el precio.

La mejor manera de eliminar este riesgo es que los inversionistas sean cuidadosos al seleccionar una ubicación para la inversión en propiedades de alquiler. Aunque podría ser tentador comprar una casa barata, el riesgo no vale la pena.

5. Malos inquilinos

Conseguir inquilinos es necesario para ganar dinero en la inversión de propiedades de alquiler. Pero no todos los inquilinos garantizan un beneficio. Este riesgo puede ser peor que el riesgo de que la casa quede vacía.

Si bien es cierto que tener una casa vacía puede no generar ningún ingreso por alquiler, un mal inquilino puede evitar el pago del alquiler o incluso vandalizar la propiedad, lo que significa que tendrá que desalojar al inquilino.

Para eliminar este riesgo, asegúrese de que sus inquilinos pasen por un riguroso criterio de selección antes de redactar un contrato. El examen de los mismos asegura que usted sólo tiene inquilinos de calidad. Un proceso de selección de inquilinos implica mirar su historia, su puntuación de crédito, y obtener información de contacto de su anterior arrendador o arrendadores.

6. Falta de liquidez

La liquidez describe la capacidad de acceder al capital que se tiene en la inversión. Un riesgo en la inversión inmobiliaria es que las propiedades no son líquidas; en otras palabras, no es fácil convertir las propiedades en dinero. Vender una propiedad no es simple y rápido, y si decide venderla rápidamente, es probable que sufra una pérdida.

La ausencia de liquidez hace que los inversores en bienes raíces se aferren a sus inversiones durante un período más largo que otras formas de inversión, lo que puede ser un gran riesgo para aquellos individuos que quieren dinero rápidamente.

7. Embargo hipotecario

Cuando un inversor inmobiliario no puede pagar su hipoteca a tiempo durante un determinado período, esto puede aumentar el riesgo de perder la propiedad a favor del banco. Los embargos son un riesgo significativo porque afecta la capacidad de obtener la aprobación de un préstamo bancario en el futuro.

Una forma de eliminar el riesgo de un embargo hipotecario es realizar un estudio del mercado inmobiliario y de la inversión en la propiedad antes de pagar un 20% de anticipo por la inversión en la propiedad de alquiler.

¿Qué hace que una propiedad de alquiler sea una buena inversión?

La inversión en propiedades es el camino hacia la ganancia y el crecimiento del capital a largo plazo. Sin embargo, si usted toma la decisión equivocada, resultará en una inversión costosa.

Las inversiones inmobiliarias no son un medio para acumular riqueza rápidamente. Si usted está planeando entrar en la inversión de bienes raíces, usted tiene que hacerse muchas preguntas, no solo "¿cuánto voy a necesitar para comprar una propiedad?".

En pocas palabras, invertir en la propiedad solo le da un canal para la estabilidad en comparación con la inversión en acciones y el mercado de valores, donde podría perder una tonelada de dinero en un segundo. La propiedad le ofrece una inversión a largo plazo y construye una ganancia sustancial.

Sin embargo, esto no ocurre para todo el mundo. Usted podría terminar preguntándose: "¿Por qué la propiedad es una inversión enorme?", si su propiedad no genera suficientes beneficios.

A veces, el problema puede ser el mercado, pero las decisiones de inversión equivocadas son las principales razones.

Si elige la propiedad inmobiliaria equivocada, no puede esperar obtener un beneficio considerable. Para mantenerse alejado de estos problemas, busque las siguientes características de una gran propiedad de inversión de alquiler:

Característica 1: La mejor ubicación

Todos, incluyendo a los inversores inmobiliarios experimentados, mencionarán que la ubicación es fundamental a la hora de elegir una propiedad de inversión. Y eso es porque tienen razón. Es vital que se pregunte "¿Cómo puedo encontrar el mejor vecindario para mí?" pero también tendrá que seleccionar la mejor ubicación para conseguir inquilinos.

Difiere dependiendo del tipo de inquilinos que desee. Por ejemplo, las familias desearán que haya facilidades como escuelas e instalaciones de ocio, y los jóvenes profesionales quieren una ruta fácil para llegar a la ciudad. Eso significa que la proximidad de su propiedad a las siguientes características juega un papel clave cuando se trata del éxito de su inversión. Si no puede proporcionar a sus inquilinos lo que buscan, no podrá cobrar una cuota de alquiler equivalente a lo que otro inversor puede.

También hay que considerar el aspecto del crecimiento. Analizar la economía local para conocer las condiciones en las que se encuentra la región. Una infraestructura robusta, o incluso las mejoras esperadas, indican que un lugar tiene el potencial de crecer y expandirse. También deberá buscar una excelente instalación educativa y un negocio local.

Elegir un lugar pobre restringirá lo que puede cobrar a los inquilinos. Además, si usted invierte en una región en rápido declive, esto llevará a pérdidas cuando quiera vender la propiedad.

Característica 2: El precio de compra

Preguntarse "¿Cuánto puedo gastar en una propiedad?" no es suficiente cuando se trata del precio de compra. Tenga en cuenta que quiere obtener un beneficio. Solo porque pueda gastar más, no significa que deba hacerlo.

Ese es el momento en que una pequeña comparación del precio de compra de la propiedad con su valor fundamental puede ser útil. El valor fundamental, en este caso, se refiere al valor real de la propiedad. Varios factores lo determinan; por ejemplo, el rendimiento y el potencial de crecimiento.

El precio de compra es la cantidad de dinero en efectivo por la que finalmente se comprará la propiedad. Todo, incluyendo la motivación del vendedor y la calidad del agente del comprador, puede influir en este precio.

Como regla general, el precio de compra debe ser inferior al valor intrínseco de la propiedad. Esa es la forma de generar beneficios.

La investigación exhaustiva es el único medio que se puede utilizar para determinar el valor intrínseco de la propiedad. Realice un análisis en profundidad y encuentre propiedades que estén a la venta por menos de este valor.

Característica 3: Bajo mantenimiento

Uno de los mayores errores que se pueden cometer al comprar una propiedad de inversión es comprarla sin tener una estimación aproximada de cuánto costará renovarla o repararla. ¿Cuáles son algunos de los costos adicionales que implica la compra de la propiedad?

Si usted es un inversionista de bienes raíces, estos costos incluirán mucho más que los gastos legales y de hipoteca. Usted también debe ser responsable del mantenimiento de la propiedad. Si no realiza un trabajo de mantenimiento, no atraerá a los inquilinos. Además, creará una reputación de servicio deficiente, que afectará gravemente el potencial de la propiedad para generar ganancias.

Por lo tanto, una inversión inmobiliaria sustancial debería tener menos problemas de mantenimiento. Más allá de lo básico, no es necesario gastar mucho dinero cada mes para asegurar que funcione.

El alto mantenimiento se convierte en un gran problema cuando se compran propiedades caras - las propiedades lujosas vienen con todo tipo de sistemas y aparatos que necesitará vigilar de cerca. Requieren muchos gastos, lo que consume sus beneficios.

En este caso, el bajo mantenimiento se refiere a una propiedad de inversión que no consumirá su presupuesto con problemas de mantenimiento. Mantenga la vida simple y elija una propiedad que no se dañe fácilmente o que requiera de un mantenimiento regular.

Característica 4: Pequeños defectos

Esto puede parecer extraño de incluir, pero la búsqueda de pequeños defectos en la propiedad puede ser el camino para construir una gran propiedad de inversión.

Así es como funciona. Muchos inversionistas saben que incluso el defecto menos significativo asustará a los compradores. La mayoría de los inversores quieren comprar propiedades que generen dinero de inmediato. No quieren incurrir en gastos adicionales después de comprar la propiedad.

En otras palabras, usted tiene la menor competencia cuando busca un pequeño defecto. Lo principal aquí es que el defecto debe ser fácil y rápido de arreglar. Usted no quiere pasar demasiado tiempo tratando de reparar una propiedad porque la inversión puede aumentar.

En su lugar, identifique algunos pequeños defectos que hacen la casa menos atractiva, pero que puede arreglar. Una vez que la arregle, aumentará instantáneamente el valor de la propiedad y abrirá canales para nuevos compradores e inquilinos. Además, gastará menos de lo que esperaba.

Característica 5: Mejor relación alquiler-precio

Vamos a sumergirnos en algunas de las características financieras ahora. Aquellos de ustedes que planean invertir para obtener una buena ganancia necesitan aprender a cotizar la renta correcta. Eso es lo que tratarán de lograr. Quieren proporcionar a los inquilinos una renta anual del 5% o incluso menos del precio de compra de su propiedad.

¿Por qué es esto importante?

Muchos inquilinos comparan las ventajas y desventajas de alquilar frente a comprar una propiedad. Si van a gastar mucho en alquiler, pueden decidir darse tiempo hasta que tengan suficiente dinero para comprar la propiedad.

Sin embargo, la correcta relación alquiler-precio puede limitar que esto suceda.

Digamos que usted compra una casa por 400.000 dólares. Por una proporción del 5%, sus inquilinos pagarán 20.000 dólares cada año. Ese es un buen ingreso, además de que no es tan alto como para que los inquilinos puedan optar por ahorrar el dinero para sus propias casas.

Una gran propiedad de inversión le permitirá proporcionar una adecuada relación alquiler-precio. Si la suya supera el 5%, puede terminar cobrando demasiado. Le excluirá del mercado y reducirá la demanda de la propiedad.

Característica 6: Atractivo a largo plazo

Las tendencias del mercado afectarán a los precios de las propiedades. Un nuevo desarrollo emerge, y cada inversor querrá capitalizarlo. O algunos estilos de construcción se ponen de moda; esto también hace que varios inversores compren.

Aquí está lo principal a recordar: Ir por propiedades que sean atractivas por sus méritos. Las características esenciales como los dormitorios de gran tamaño y el espacio de almacenamiento no desaparecen del mercado de la moda. Priorice estas características sobre las características de moda a corto plazo.

Característica 7: Baja tasa de vacantes

Esto está relacionado con la ubicación más que con la propiedad, pero sigue siendo un factor importante a considerar.

Para ganar dinero con su inversión, debe tener inquilinos confiables. También debe haber cierta demanda de propiedades inmobiliarias.

Por lo tanto, siempre obtendrá las mejores propiedades de inversión en lugares que tienen bajas tasas de vacantes. Eso demuestra que la región tiene una economía local estable, y hay una gran demanda de propiedades. Además, las bajas tasas de vacantes indican que los actuales propietarios no tienen problemas con los inquilinos. Si así fuera, entonces habría más desalojos, lo que se traduce en mayores tasas de vacantes.

Además, la baja tasa de vacantes podría indicar que los inquilinos tienen menos opciones. Por lo tanto, es más probable que descubran lo que su propiedad ofrece.

Característica 8: Rápido tiempo de transición de la compra al alquiler

Esta característica particular está relacionada con los pequeños defectos discutidos anteriormente. Hay una diferencia entre los pequeños defectos y los defectos significativos. Por ejemplo, los pequeños defectos resultan en negociaciones, y son fáciles de reparar, pero los defectos considerables pueden tardar meses en completarse.

Cuanto más tiempo se tarde en arreglar un problema, más tiempo pasará sin que un inquilino ocupe su propiedad. Cuando se tiene una excelente propiedad de inversión, se pasa rápidamente de comprarla a alquilarla. Y esto comenzará a devolverle el dinero que ha invertido, que es el objetivo de todo inversor en propiedades.

Determine la cantidad de tiempo que tomará hacer cualquier reparación. Cuanto más tiempo tome la reparación, menos atractiva se vuelve la propiedad.

Característica 9: No depender de la industria

La disponibilidad de la industria local tiende a desencadenar el crecimiento de las propiedades. Eso ocurrió en Australia occidental durante el auge de la industria minera. La gente se trasladó para buscar trabajo. Los vendedores e inversores ganaron mucho dinero desde que los precios se dispararon.

Cuando el boom terminó, los inversionistas que habían comprado propiedades durante el período de auge sintieron el verdadero dolor. La gente comenzó a alejarse de Australia Occidental, lo que redujo la demanda de sus propiedades. Los propietarios de las viviendas no tuvieron otra opción que reducir los alquileres, para poder retener a los inquilinos, y así permitirles pagar las hipotecas. Los embargos se dispararon cuando la propiedad del estado estalló.

Así que este es el punto: invertir en una economía de mercado a corto plazo puede resultar peligroso. Tenga en cuenta que la propiedad es una inversión a largo plazo. Para la región dependiente de la industria, la industria impulsa el éxito de la inversión. Significa que, si la industria fracasa, su inversión será la siguiente en la línea. Por lo tanto, si usted tiene que comprar una propiedad en una región dependiente de la industria, entonces asegúrese de que varias industrias están operando en esa área.

Característica 10: Lo esencial

Su inversión en propiedades de alquiler debe contener pequeñas cosas que los inquilinos buscan. El espacio de almacenamiento actúa como un papel más importante de lo que se espera en las decisiones de los inquilinos. Cosas simples como un espacio de pared para estantes pueden hacer que una propiedad de inversión promedio se convierta en la mejor.

Los baños y cocinas modernas también juegan un papel en el proceso de toma de decisiones. Y también lo es el tamaño de los dormitorios.

Además, hay que tener en cuenta el atractivo de la acera. Cuando una propiedad no se ve atractiva desde el exterior, las posibilidades de que no llame mucho la atención son altas.

Afortunadamente, usted tiene la última palabra en estas cosas esenciales. Sin embargo, es crucial que su propiedad le dé la oportunidad de ocuparse de esto.

Como puede ver, es mucho lo que se necesita para seleccionar una gran inversión inmobiliaria. Una buena ubicación es sólo el comienzo. Usted buscará múltiples industrias, lo que asegura que los inquilinos tengan diferentes opciones de carrera. Eso reducirá la tasa de vacantes, y mejorará sus rendimientos de alquiler.

La propiedad en sí podría requerir algunos pequeños arreglos aquí y allá. Estos no son un problema siempre y cuando se asegure de que el tiempo de entrega entre la compra y el alquiler sea rápido. Si hay un alto prospecto, y la propiedad no requiere mucho mantenimiento, usted está en una inversión significativa.

Recuerde este consejo cuando busque propiedades de inversión. La mejor combinación de las características anteriores le ayudará a obtener muchos ingresos.

Cómo comprar su propiedad por debajo del valor del mercado

Esto requiere que sea paciente y siga trabajando duro para conseguir un acuerdo justo por una propiedad. Generalmente, encontrar un trato rentable es una de las responsabilidades de todo el negocio. Pero aquí le enseñaremos cómo obtener un beneficio significativo en la compra de una propiedad. Para lograr esto se requiere investigación, una transacción activa y un compromiso total.

Para ser rentable en la inversión inmobiliaria, debe saber cómo comprar propiedades inmobiliarias por debajo del valor del mercado y comprar propiedades que generen altos beneficios. Para ello, comenzaremos por hacerle saber la razón por la que los vendedores a veces ofrecen propiedades por debajo del valor de mercado, el valor intrínseco, y finalmente, cómo puede comprar terrenos por debajo del valor del mercado.

Entonces, ¿por qué los vendedores ofrecen propiedades inmobiliarias por debajo del valor de mercado?

Nadie nunca quiere ofrecer su propiedad por debajo de su valor. Si un individuo lo hace, entonces debe haber una razón específica. En la mayoría de los casos, la razón gira en torno al tiempo. A veces, las decisiones pueden ser emocionales e irracionales. Por ejemplo:

- Problemas personales.

- Problemas de presupuesto.

- Enfrentar un embargo con una institución financiera.

- Interesarse en una propiedad diferente.

- Compartir fondos con un legatario.

- Reubicarse debido a problemas laborales.

Cuando se encuentra con un comerciante que está desesperado en una venta a corto plazo, es una oportunidad de oro para que usted acepte el acuerdo con el costo y los términos del contrato de su lado.

En el siguiente caso, nunca sienta vergüenza de preguntar, "¿cuál es la razón de la venta?" y "¿por cuánto tiempo ha estado la propiedad en la lista?" Conocer estos aspectos esenciales le darán una idea clara de cuánto margen tiene para negociar, porque el trato será bastante simple.

¿Cuál es el valor intrínseco?

El valor intrínseco o el valor de mercado es el precio original por el que se vendería la propiedad en base a su condición actual. El lado del comerciante determina este costo, o podría depender de la interacción personal entre el vendedor y el comprador. Tenga en cuenta que no se acuerda como el precio de un producto en una tienda minorista. Solo hay un método para determinar la estimación de una propiedad si no se es agente, y es comparando tratos similares. Tiene que buscar ofertas recientes de propiedades comparables en la zona. Uno de los métodos más precisos es hacerlo uno mismo. Del mismo modo, el estilo menos exigente para encontrar el valor de mercado es buscar suministros de servicio. Requerirán una completa responsabilidad para darle una oferta lucrativa.

Tenga en cuenta que si usted está buscando una propiedad que requiere reparaciones, entonces usted tiene que conseguirlo a un costo mucho más bajo a menos que no esté comprando a un valor de mercado más bajo.

Estrategias para la compra de bienes raíces a un bajo valor de mercado

Para comprar una propiedad inmobiliaria, tenga en cuenta que hay ventas cortas por debajo del precio de mercado, tratos justos de mercado, propiedades fuera del mercado vendidas por debajo del valor de mercado y propiedades subastadas. Cuando su objetivo principal es aprovechar la compra de bienes raíces por debajo del valor de mercado, asegúrese de ir a estas propiedades.

Las ventas cortas son un punto popular para los expertos financieros. Los vendedores privados son dueños de las ventas cortas, pero el vendedor debe pagar al banco más de la cantidad que piden por la casa. Con un objetivo particular en mente para vender una casa, el banco tiene que aceptar menos dinero del que se le debe. Las ventas cortas duran seis meses o un año antes de ser cerradas. Y una de las razones es que los vendedores no llegan a una conclusión. Se toman su tiempo para acordar una elección particular.

Los acuerdos de mercado justo se refieren a las propiedades reclamadas por un vendedor privado que tiene voz en las decisiones de venta de propiedades. Pueden ofrecerla sin involucrar al banco. Es un reto identificar los tratos de mercado justos porque el comerciante no tiene prisa por ofrecer su casa por debajo del valor de mercado. Hay unos pocos casos en los que se puede encontrar una gran oferta por una venta justa de mercado.

La mayoría de los proveedores de servicios apuntan a una propiedad que no ha sido puesta en venta porque creen que puede no costarles el precio real de mercado, y podrían obtener fácilmente algún beneficio. Estas son como propiedades fuera del mercado porque no están disponibles para la compra. Se necesita dinero e inversión para tener la capacidad de comprar este tipo de propiedades.

Cuando un vendedor se despoja de una casa, es necesario que se empeñe en encontrar los desperfectos antes de asumir la responsabilidad de la propiedad. Este tipo de propiedad se llama propiedad subastada. Es una de las razones por las que muchas casas se venden en las gradas de los juzgados. Se podrá enterar rápidamente cuando el juzgado local lleva a cabo las subastas y así obtener el trato más lucrativo lo antes posible.

Dicho esto, no deje ir las oportunidades en los que el vendedor utiliza los siguientes términos:

- Divorcio
- Comerciante desesperado
- Propiedades en crisis
- Disminución del patrimonio
- Vendedor inducido

En general, para determinar cómo comprar bienes inmuebles por debajo del valor de mercado, tendrá que estar preparado para hacer mucho trabajo y dedicar algún tiempo a la investigación en profundidad. Así que después de adoptar las siguientes técnicas, su negocio puede ser altamente rentable.

Cómo reparar y mantener las propiedades de alquiler

Hemos hablado mucho sobre cómo se puede invertir en bienes raíces, o cómo se puede comprar una propiedad de alquiler, pero de lo que la mayoría de la gente no habla es de la necesidad de cuidar sus propiedades de alquiler. Cuando usted está sano, necesita mantenerse en forma para asegurarse de que se mantiene sano, y es lo mismo con su inversión en propiedades de alquiler. Requiere atención especial y cuidados intensivos para que tenga éxito y se mantenga en forma.

Entonces, ¿cómo pueden los propietarios y arrendadores reparar y mantener sus propiedades? ¿Qué deben hacer para mantenerse al día con la ocupación regular de sus propiedades?

Ser dueño de una propiedad de inversión de alquiler puede ser muy rentable y una gran fuente de ingresos pasivos. Genera mucho flujo de efectivo a los inversores, hasta el punto de que después de pagar todas las facturas, todavía les queda un beneficio significativo. Aquellos que dirigen o poseen una inversión en propiedades de alquiler tienen la oportunidad de dictar su éxito o fracaso. Tienen el poder de controlar la situación y su futuro financiero. Una forma de aumentar su éxito y el flujo de caja de su inversión de alquiler es aprender a repararla y mantenerla. Hay varias ventajas en hacer esto. Una propiedad bien mantenida conserva su valor intrínseco y atrae la atención de los inquilinos que buscan casa, lo que beneficia a ambas partes.

Aquí hay algunos consejos para ayudarle a reparar y mantener su propiedad de inversión de alquiler:

1. <u>Revise las áreas interiores y exteriores de su propiedad</u>

Asegurarse de que su propiedad de alquiler está bien cuidada y libre de cualquier forma de vandalismo aumentará sus ingresos y le permitirá retener buenos inquilinos. Los costos inesperados, como reparaciones y reemplazos, son inevitables cuando se administra una propiedad, y no debe ignorarlos. A continuación, encontrará una lista de cosas que debe identificar en una propiedad de alquiler:

Exterior

• Techo: Compruebe si hay moho, musgo, tejas faltantes y desperfectos en los tapajuntas. Todo esto puede llevar a reparaciones costosas. También debe inspeccionar para identificar si alguna rama de árbol se extiende en el techo y quitarla. Quiere asegurarse de que no tiene ninguno de estos problemas porque pueden ahuyentar a los posibles inquilinos.

• Ventanas: Inspeccione sus ventanas para asegurarse de que están selladas correctamente sin espacios; si encuentra tales espacios, séllelos. Esto le salvará de futuros daños por la humedad y el calor desprendido.

• Pintar el exterior: Verifique que el área exterior de su propiedad de alquiler esté pintada para protegerla de cualquier daño causado por el sol y la humedad. Nadie quiere mudarse a una casa que se vea deslucida o mal por fuera.

• Paisaje: Inspeccione si hay árboles que tengan hongos o ramas rotas. Cualquier cosa que pueda causar daño a sus inquilinos debe ser reparada. Además, haga un esfuerzo para cortar el césped y dejar que se vea en buenas condiciones.

Interior

• Detectores de humo: Esto es imprescindible. Siempre inspeccione sus detectores de humo para verificar que tienen baterías nuevas y funcionan correctamente. Puede ser muy arriesgado vivir en una casa con detectores de humo que no funcionan correctamente.

- Calentador de agua: Asegúrese de drenar y eliminar regularmente cualquier suciedad dentro del calentador de agua. Si se encuentra en una región con muchas partículas sólidas en el agua, puede considerar la posibilidad de convertirlo en una tarea de rutina mensual.

- Calefacción y refrigeración: Debe asegurarse de revisar el sistema de calefacción y refrigeración a menudo. Inspeccione los filtros y asegúrese de que no crezcan plantas a su alrededor. Eso puede impedir el flujo de aire y destruir el sistema en el futuro.

- Pintar: Busque cualquier desprendimiento de pintura que pueda haber en las paredes y asegúrese de repintarlas para tener un interior fresco y ordenado.

2. Contratar a un administrador de la propiedad

Si encuentra abrumador el manejo de las reparaciones y tareas de mantenimiento de su alquiler, entonces puede contratar a un administrador de propiedades. La inversión en bienes raíces demanda mucho de su tiempo; si siente que es demasiado, entonces un administrador de propiedades podría ser la mejor persona para manejar las tareas en su nombre. Esta es una gran decisión que debe tomar porque tendrá que pagarle al administrador de la propiedad, pero piense en todo el tiempo que le va a ahorrar. Un administrador de la propiedad puede hacer todo lo que usted quiera desde el interior al exterior, incluyendo el manejo de la renta mensual.

3. Haga felices a sus inquilinos

Otra forma de mantener su inversión en propiedades de alquiler es asegurarse de que sus inquilinos estén satisfechos y felices. Un simple chequeo para saber cómo están, o preguntarles si necesitan ayuda, será suficiente. Mostrándoles que usted se preocupa, y que su felicidad es su prioridad, los hará felices. Eso construirá su reputación como buen propietario y atraerá a posibles inquilinos a su propiedad. Asegúrese de ser lo suficientemente rápido para actuar en sus solicitudes de reparación. Una de las principales razones por las que los inquilinos se mudan y buscan una casa diferente es porque no son felices, así que asegúrese de que sus inquilinos estén satisfechos.

4. Respetar la ley de propietario-arrendatario

Respetar la ley de propietario-arrendatario asegura que usted administre y mantenga su inversión en propiedades de alquiler. Esta ley actuará como una estructura tanto para usted como para sus inquilinos para que nadie cometa errores, y mantiene a su propiedad en excelentes condiciones. Uno de los requisitos de esta ley es el mantenimiento.

5. Renovar y mejorar la propiedad

Todos los días los inquilinos buscan propiedades de alquiler nuevas y desarrolladas. Como propietario o dueño de la propiedad, siempre debe buscar formas de renovar y mejorar la apariencia de su propiedad de alquiler. Por ejemplo, agregando un nuevo tipo de diseño al lado exterior, agregando un jardín, o incluso modernizando la sección interior instalando paneles sin marco. Estos nuevos cambios captarán la atención de los inquilinos, incluso de aquellos que no están buscando una casa.

En resumen, los inquilinos necesitan disfrutar de un entorno seguro y propicio, y el propietario debe reparar y mantener la propiedad. Una propiedad bien mantenida aumentará su flujo de dinero y su éxito. Siempre busque métodos para resolver los problemas de las propiedades de alquiler antes de que se conviertan en algo grande.

Cómo construir un imperio de la propiedad de alquiler

Si quiere escalar su cartera de inversiones de alquiler como un experto y construir su imperio de propiedades de alquiler, tendrá que buscar un socio inversor. Si lo va a hacer usted mismo, entonces considere esto: si puede generar dinero por sí mismo y el dinero de un socio inversionista, ¿no será un logro significativo?

Su socio inversionista agregará un valor a su inversión que actualmente no tiene. Si desea aprender cómo puede escalar su inversión en bienes raíces, aquí tiene un sólido proyecto:

Paso 1: Comenzar a invertir en bienes raíces

Rompamos algunas burbujas con este primer paso. Es necesario que al menos usted tenga éxito en la inversión inmobiliaria para lograr encontrar un socio con quien invertir. Si aún no ha invertido por sí mismo, entonces será totalmente irresponsable usar el dinero de otro.

Los inversores inmobiliarios se sentirán atraídos por dos cosas importantes: su nivel de experiencia y sus historias de éxito. Eso significa que la falta de acuerdos en su haber podría demostrar que no tiene la experiencia, o que no sabe lo que está haciendo. Además, demuestra que no ha sido lo suficientemente disciplinado como para crear y ahorrar suficiente dinero para invertir en un negocio. Nada de esto se verá bien para un inversionista de bienes raíces.

Paso 2: Desarrollar un equipo inmobiliario de primera clase

Es crucial evaluar a las personas con las que hace negocios la mayor parte del tiempo. Ya sea un agente inmobiliario, un contratista o un fontanero, cualquiera con el que trabaje debe añadir valor a su proceso, a diferencia de hacer una transacción.

Su equipo tiene dos funciones:

1. Deben asegurarse de que una transacción inmobiliaria sea lo más fluida y predecible posible.

Es necesario que usted trabaje con la mejor gente de su región, y no con sus amigos que trabajan en el sector. En este punto, el enfoque debe ser recibir victorias en su trayectoria. Si tiene un resultado desafortunado de una inversión personal, entonces esa es una historia menos exitosa para ser vendida a un inversionista de propiedades de alquiler.

2. Funcionan como extensiones de su negocio que pueden apuntar a otros.

Paso 3: Posicionarse como un recurso

Debe establecerse como un inversionista de propiedades de alquiler en el que la gente confíe y dependa de la ayuda para cualquier cosa en el área inmobiliaria.

A medida que continúe ayudando a la gente en sus transacciones de bienes raíces, su reputación comenzará a crecer en la comunidad. Y la palabra comenzará a correr.

Tenga en cuenta que su primer objetivo debe ser atraer a un socio de dinero que le ayude. La palabra principal aquí es un recurso. No se trata de demostrar que es un experto tomando un gran partido. Interésese en las transacciones de bienes raíces de otros, sea auténtico y útil, y ellos hablarán bien de usted.

Asistir a otros le convertirá rápidamente en un experto

Al ayudar a sus amigos y a su red de contactos, aumentará su experiencia. Usted adquirirá un conocimiento íntimo de los vecindarios en los que entran, y naturalmente, mejorarán algunos de los procesos que usted les aportó.

Paso 4: Convertir cada conversación en una propiedad inmobiliaria

La gente debe saber que usted es un inversor inmobiliario. Sin embargo, esto no significa que publique todas las historias de éxito en Facebook o Instagram; a nadie le gusta eso. Lo que tiene que hacer es asegurarse de que la gente en su red lo conozca como un inversor inteligente. Cuando la gente se interesa por sus inversiones en bienes raíces, es una buena práctica dejarlos invertir.

Animar a la gente a darse cuenta de que es posible

A veces, una simple cosa como decir, "podríamos comprar algo juntos" puede iniciar una conversación que puede llevar a un gran lugar. Cuanto más continúe creciendo por su cuenta, más preguntas le hará la gente. Y esto resultará en más oportunidades.

Lo que debe recordar es que necesita invertir en bienes raíces activamente, y debe tener éxito en hacerlo.

Los inversores quieren trabajar con profesionales. Si tiene una posición en la que la gente muestra interés en trabajar con usted, podría ser porque sus esfuerzos han dado resultados.

No lo estropee evitando los pequeños detalles

La presentación es importante. Afortunadamente, no es difícil parecer profesional. Ahora es el mejor momento para empezar a construir una marca. Puede pensar como si estuviera fingiendo, pero no tenga en cuenta esos pensamientos. La verdad es que esta es otra auto-evaluación en su viaje de lo que ha decidido lograr.

Paso 5: Construir su presencia digital

Primero, crear un sitio web: Puede hacerlo por su cuenta o contratar a un desarrollador web.

Tarjetas de presentación: Esto también es algo que puede hacer por su cuenta. Asegúrese de tener estas tarjetas listas cuando asista a cualquier reunión social o de negocios.

Construya su paquete de puntos de interés: Aquí, usted debe esbozar todas sus transacciones digitales.

Paso 6: Compórtese y actúe como un profesional de la inmobiliaria

Ahora que luce como un profesional de la inmobiliaria, es hora de actuar como tal. Asegúrese de que todas las comunicaciones por correo electrónico se realicen a través de un correo electrónico empresarial.

Califique sus contactos

La mayor parte del enfoque hasta ahora ha sido en la presentación de usted ante un socio. Sin embargo, no querrá un socio cualquiera, porque va a trabajar con la siguiente persona financieramente en los próximos años. Protéjase comprobando que sus clientes potenciales están bien antes de introducirlos en todo su proceso de ventas. Lo conseguirá haciendo preguntas a lo largo de toda la comunicación.

Algunas cosas importantes que usted necesita determinar incluyen:

- ¿Tienen suficiente capital para canalizarlo hacia los bienes raíces?

- ¿Con qué tipos de inversiones inmobiliarias tienen experiencia?

- ¿Qué tan rápido esperan el retorno de la inversión?

- ¿Hay alguien que participe en el proceso de toma de decisiones?

- ¿Qué nivel de participación están dispuestos a proporcionar?

Evalúe el conjunto de habilidades que usted aporta, identifique lo que necesita de un compañero y aléjese en caso de que el posible compañero no cumpla los requisitos.

Paso 7: Cerrar el trato

Si ha encontrado que el socio es apto para trabajar con usted, es hora de empezar a construir una relación mientras sigue demostrando sus habilidades.

Aprender a ser didáctico

Puede empezar enviando los listados que le interesen a los socios inmobiliarios. Envíeles breves resúmenes de los contras, los pros y la proyección del flujo de dinero de las propiedades. Enséñales a inspeccionar una transacción, eso generará confianza en el socio.

Si el socio comienza a enviarle listados y le pide su opinión, eso es genial. Es una señal de que alguien ha involucrado y está feliz.

Como puede ver, hay mucho que necesita hacer para construir un imperio inmobiliario. No hay un proyecto fácil o directo. Así que asegúrese de no perder su tiempo y dinero yendo a seminarios que le prometen que esto sucederá de la noche a la mañana.

Concéntrese en optimizar su crecimiento primero y convertirse en la versión de usted que atraerá socios.

Trabaje duro para convertirse en un profesional ahora, y luego construya su marca para que se vea exitoso cuando empiecen a surgir clientes potenciales. Conozca el valor que genera, y determine el tipo de socio con el que quiere expandir su negocio. Dedique tiempo a evaluar sus clientes potenciales y ahorre tiempo a todos a largo plazo.

Capítulo 5: Consejos para encontrar acuerdos de ganancia rápida

Cómo encontrar bienes raíces que le ofrezcan ingresos pasivos

Mucha gente se preguntará si es posible invertir en propiedades de alquiler de forma pasiva. Averigüemos cómo se puede invertir en propiedades de alquiler de forma pasiva y cómo se puede elegir las mejores inversiones de renta pasiva.

Sabemos que, para ganar dinero, uno debe trabajar a menos que gane un billete de lotería. Sin embargo, eso no es fácil. Una cosa con el trabajo es que, si se queda sin herramientas, deja de recibir dinero, o si renuncia a su trabajo, el dinero que solía recibir deja de fluir. Aparte de eso, hay diferentes maneras de generar un ingreso sin hacer mucho del trabajo. La mayoría de la gente se refiere a ello como "generar ingresos pasivos". Así que los ingresos pasivos pueden describirse como el dinero que se obtiene al inyectar su dinero en un proyecto mientras otras personas trabajan en él. Cada miembro recibe su parte cuando los ingresos fluyen.

Así que, cuando hablamos de "ingresos pasivos" en relación con los bienes raíces, estamos apuntando a invertir su dinero en una propiedad de alquiler y dejar que otros se encarguen del trabajo por usted. Así que puede sentarse y esperar a que el dinero fluya.

Sin embargo, la pregunta más inquietante es: "¿Cuáles son los métodos a través de los cuales puede identificar las mejores inversiones de ingresos pasivos cuando se trata de bienes raíces?"

Hay varios métodos de inversión en propiedades de alquiler que se pueden utilizar para generar ingresos pasivos. En esta sección, compartiremos algunas estrategias para encontrar la mejor inversión de renta pasiva de alquiler:

1. *Buscar en línea*

Si busca en internet las mejores inversiones de renta pasiva, se encontrará con muchas plataformas en línea que se han especializado en este sector. Dicho esto, aquí hay algunas plataformas de bienes raíces que usted debe considerar como oportunidades de inversión de ingresos pasivos:

• Fundrise.com: Esta es una de las mejores plataformas de inversión de alquiler en línea que aceptan inversores inmobiliarios de diferentes partes de los Estados Unidos. Lo mejor de Fundrise es la forma en que tienen una cartera de bienes raíces comerciales diversificada. Esta característica particular hace posible que los inversionistas de propiedades de alquiler acepten invertir su dinero en un proyecto de bajo riesgo. No importa cuánto dinero tenga; todo lo que necesita hacer es invertir y luego presentar la parte de capital que puede administrar.

• RealtyShares: Esta es otra plataforma online de bienes raíces dominante. Le da la capacidad de identificar la mejor inversión de renta pasiva. Una cosa que distingue a RealtyShares es que usted puede entrar en el negocio de inversión de bienes raíces y decidir el tipo de propiedad de inversión que desea invertir. Tienen una amplia variedad de propiedades de inversión desde casas unifamiliares hasta enormes edificios de apartamentos.

2. *Obtener las mejores inversiones de ingresos pasivos a través de las empresas de bienes raíces*

Cuando hablamos de empresas inmobiliarias, nos referimos a la inversión inmobiliaria llave en mano. En otras palabras, se invierte en una propiedad de alquiler que ya ha sido reparada, de modo que esté lista para que una persona se mude. Como resultado, tiene la oportunidad de comprar la propiedad tal y como está con los inquilinos. En la mayoría de los casos, la propiedad de alquiler viene con servicios profesionales de gestión de la propiedad.

Entonces, ¿por qué una propiedad inmobiliaria llave en mano es un flujo de ingresos pasivo?

La compra de una propiedad que ya cuenta con una administración profesional de la misma para realizar las reparaciones y el mantenimiento es una inversión de ingresos pasiva. Pero eso no implica que no invierta ninguna energía o tiempo en ella. Tenga en cuenta que este es uno de los métodos de inversión inmobiliaria que requieren un esfuerzo mínimo. Como resultado, usted tendrá una propiedad de alquiler que le proporcionará ingresos por alquiler al final de cada mes mientras el administrador de la propiedad está llevando a cabo las operaciones diarias.

3. *Invirtiendo en propiedades de alquiler*

Otro método que puede elegir para ganar dinero pasivamente en bienes raíces es a través de propiedades de alquiler. Tiene la opción de invertir en alquileres a largo o corto plazo. No importa el método de bienes raíces que seleccione, una propiedad de alquiler es una de las mejores formas de ganar dinero de forma pasiva en bienes raíces. Este tipo de propiedad se origina a partir de un bajo riesgo y un ingreso de alquiler constante.

Si todavía está tratando de entender qué lo convierte en una inversión pasiva, este es el punto en el que entran los administradores profesionales de propiedades. Así que, para que sea una inversión pasiva, tendrá que contratar a un administrador de propiedades profesional. Este administrador debe tener experiencia en asuntos relacionados con propiedades de alquiler. Se asegurará de que los gastos de la propiedad bajen mientras optimiza los ingresos por alquiler. Por lo tanto, le ayudará a aumentar el beneficio de su negocio de alquiler.

4. Asociaciones inmobiliarias

Las asociaciones inmobiliarias han demostrado ser la forma de ganar pasivamente en el sector inmobiliario. Si tiene el dinero para invertir, pero no quiere participar en el trabajo físico, entonces debe considerar la financiación con un socio. Busque a alguien que esté dispuesto a invertir el esfuerzo mientras usted ofrece los fondos. Después de todo, usted le está presentando al socio los recursos financieros con los que no contaba.

5. Financiación colectiva de propiedades inmobiliarias

El financiamiento colectivo de bienes raíces es muy popular entre los inversionistas inmobiliarios que quieren generar dinero de manera pasiva. El financiamiento colectivo de bienes raíces es un medio para recaudar fondos para proyectos de inversión inmobiliaria, ya sea un proyecto de desarrollo inmobiliario o una inversión en propiedades de alquiler. Usted puede participar en ello, independientemente de la cantidad de dinero que quiera invertir.

Además, el financiamiento colectivo de bienes raíces le permite acceder a los sindicatos de bienes raíces. El financiamiento colectivo ha sido uno de los medios a través de los cuales los sindicatos de bienes raíces reciben recursos financieros. De esta manera, usted puede invertir la cantidad de dinero que desee y obtener un ingreso pasivo a cambio. Lo que lo convierte en la mejor inversión de ingresos pasivos es que no es necesario comprometer su esfuerzo en absoluto. El sindicato se encarga de todo, incluyendo todas las responsabilidades que implica la empresa. En otras palabras, usted solo financia al sindicato de bienes raíces.

Cómo encontrar acuerdos de ganancia rápida

Los inversores en propiedades de alquiler son consumidores informados. Cada vez que se presenta un gran negocio, los inversores son impulsados a aprobarlo. Después de todo, un negocio de bienes raíces es la mejor oportunidad para optimizar las ganancias.

Así que cuanto más barato se obtiene una propiedad, mayor es el retorno de la inversión. Pero conseguir un trato así no es tan fácil como parece. Los nuevos inversionistas, por ejemplo, pueden experimentar un momento difícil al negociar un acuerdo de bienes raíces. Por otro lado, los inversores experimentados pueden identificar un acuerdo rentable cuando lo ven, siempre y cuando sepan dónde buscarlo.

Acuerdos de embargo hipotecario

Esta es una de las formas más populares de adquirir ventas baratas y rentables. Para aquellos que han dominado cómo navegar por el proceso, esto podría ser una gran ventaja.

Para aquellos que aún no están familiarizados con la idea de los embargos, hay una cosa que deben recordar: Un embargo ocurre cuando el dueño de una propiedad no hace el pago de su propiedad. El no pagar su propiedad será considerado como incumplimiento del préstamo. Aunque el proceso de ejecución hipotecaria depende en gran medida del estado de la propiedad, la mayoría de los estados emitirá una notificación de incumplimiento en caso de que el propietario falle más de 90 días. Después de esto, el préstamo se envía a la sección de embargos.

La aparición de un embargo es lucrativa para un inversor de alquiler. El precio relacionado con cada una de ellas suele representar un descuento importante, porque el tiempo es esencial para el propietario. Sin embargo, cuando sabe que puede pagar una casa a un valor inferior a su precio actual, eso debería decirle que no es el único que quiere la propiedad.

Dado que las ejecuciones hipotecarias se dan a conocer al público, conseguir una no es fácil debido a la competencia. Para eliminar cualquier "trabajo concurrido", los inversionistas de bienes raíces son animados a enfocarse en las propiedades que están en la etapa de "pre-ejecución hipotecaria".

Los inversores deben ganarse la aprobación del vendedor - esto no es fácil. El negocio inmobiliario implica la creación de redes.

Antes de negociar, se aconseja a los inversionistas que sigan todas las diligencias debidas cuando busquen acuerdos. No avanzar antes de hacer la investigación correcta sobre la casa en cuestión. Es durante este tiempo que usted necesita aprender todo acerca de la propiedad. Lo más importante es asegurarse de que no haya ningún obstáculo o desafío que actúe como una barrera durante el proceso de la transacción. Una vez que el costo esté acorde, póngase en contacto con el dueño de la casa y organícese para una cita. Tenga en cuenta que el propietario ya tiene una notificación de incumplimiento. Eso significa que tendrá que negociar los términos, unirse a la custodia y cerrar el acuerdo antes de que la propiedad sea puesta en subasta pública.

Si se hace correctamente, la compra de pre-ejecuciones hipotecarias puede ser la forma más rentable para un inversor. Por otro lado, es una de las más incomprendidas.

Subasta de propiedades

Cuando se buscan acuerdos rentables, los sitios de subastas podrían ser otro gran lugar para asegurar un acuerdo. Aunque no es tan popular como un embargo, es fácil de entender. Una cosa que debe saber es que la propiedad de subasta tiene un presupuesto atractivo. Hay dos maneras en que una propiedad puede ser listada para ser subastada: Una, el dueño de la propiedad deja de pagar impuestos por la casa; o dos, la propiedad entra en un embargo. En general, las casas que han sido listadas para ser subastadas usualmente tienen una oferta inicial que es menor o igual al balance que queda en la hipoteca. El proceso será rápido. Por lo tanto, los compradores deben ser lo suficientemente rápidos para actuar.

Al igual que cualquier subasta, las subastas de casas tienen algunos riesgos. Pero el riesgo se equilibra con la recompensa final que se obtiene. A los inversores que quieran comprar una propiedad subastada por los dueños de las casas se les aconseja que hagan una investigación exhaustiva. De esa manera, sabrán cuánto gastar en la propiedad.

No olvide que las propiedades subastadas requieren el pago en efectivo. Sin embargo, hay algunas excepciones. Cada municipio y empresa de subastas tiene sus métodos. Dicho esto, hay que tener en cuenta lo que se puede esperar con antelación.

Las REO de los bancos

Mientras que una casa no se venda en una subasta, lo más probable es que el banco sea el dueño de la propiedad. Esto se conoce como una propiedad REO (inmuebles en manos de la banca). Estos activos adquiridos por el banco son una gran ganga para los compradores de casas. Sin embargo, es importante el grado de seguridad con el que se venden las propiedades mencionadas.

Por esa razón, este tipo de propiedades pueden ser una de las ofertas más seguras de todo el mercado. Debido a que el banco es dueño de estas propiedades, el banco se encargará de las reparaciones, y los impuestos que fueron un problema.

Encontrar y financiar su propiedad

Mucha gente tiene la ambición y el conocimiento para convertirse en inversores, pero sólo les falta una cosa: El capital. Acumular todo el dinero antes de empezar en el sector inmobiliario puede ser muy difícil, especialmente si se es joven. Sin embargo, una vez que se supera esta barrera, se puede estar seguro de estar en el negocio.

No tiene que ser tan difícil. Si puede traducir su creatividad e ingenio en un pensamiento serio, puede encontrar formas creativas de financiar sus propiedades de inversión de alquiler. A continuación, hay algunas cosas que puede hacer para conseguir ese capital:

Inspeccione su bolsillo primero

Nadie puede tener unos cuantos miles de dólares y no saberlo. Si desea invertir en propiedades de alquiler, debe ser serio con las finanzas personales, y es probable que sienta que ha hecho mucho para ahorrar algo.

Sin embargo, siempre hay medios para reducir sus gastos sin afectar su estilo de vida. Por ejemplo, puede volver a visitar a su proveedor de servicios telefónicos y averiguar si puede obtener datos gratuitos o incluso bajar el precio. También, únase a sitios web de bienes raíces de buena reputación y aprenda cómo puede ahorrar dinero. En otras palabras, busque maneras de vivir de la misma manera que vive ahora tan sólo gastando menos.

Una vez que usted pueda liberar algo de dinero, desarrollará una mejor idea de cuánto puede destinar a su propiedad. Se podría sorprender de una gran manera.

Conocer la capacidad financiera de otras personas

Otra opción es la de aceptar socios inversionistas.

Todo el dinero en efectivo

Es el rey de todas las tácticas de financiación. El dinero es el rey, y en los bienes raíces eso es cierto. Si hay dos ofertas presentadas a un vendedor, y una opción es la financiación convencional, mientras que la otra es todo en efectivo, el vendedor preferirá el trato de todo en efectivo. La razón es que el dinero en efectivo es rápido, y no hay instituciones financieras que puedan entrar y detener el acuerdo. Esta opción es una de las mejores para los vendedores porque es el tipo más fácil de método de financiación. Mientras que esta podría ser una gran manera de comprar sus propiedades, no es el mejor método para obtener un retorno de la inversión.

Hipoteca convencional

Incluir una hipoteca sobre un bien inmueble significa que usted solicita un préstamo a una institución financiera, como un banco, que paga el precio de compra menos el depósito que usted colocó en la propiedad. Esto significa que, si compra una casa por 100.000 dólares y paga un anticipo de 10.000 dólares, el préstamo que debe pagar es de 90.000 dólares, y tendrá que hacer pagos cada mes hasta que lo liquide.

El banco acepta hacer esto porque ganan intereses por el dinero que le prestan. La mayoría de las hipotecas convencionales piden un mínimo del 20% de pago inicial, y algunas pueden requerir entre el 25% y el 30%.

Las hipotecas convencionales siempre tienen la menor tasa de interés de todas las opciones de financiación. Hay un intervalo de tiempo diferente para elegir: diez, 15, 20 y 30 años. Cuanto más largo sea el período, más interés vas a pagar.

Préstamos FHA (Préstamo de la Administración Federal de la Vivienda)

Este es un préstamo de la Administración Federal de la Vivienda, uno de los departamentos del gobierno de los EE. UU. que se encarga de asegurar las hipotecas para los bancos. Los bancos reciben un seguro sobre el dinero que le otorgan para comprar una propiedad. Este préstamo está destinado estrictamente a propiedades ocupadas por sus dueños y no a propiedades de inversión.

La importancia de los siguientes préstamos es el pago inicial mínimo de alrededor del 3,5% del precio de compra. Teniendo en cuenta que la tasa mínima de una hipoteca convencional es del 20%, podrá pagar una cuota inicial más baja para mudarse y adquirir la propiedad. Es bueno porque así se obtiene un mayor retorno de la inversión, ya que se compromete menos dinero en la propiedad.

Mientras que los préstamos de la FHA están diseñados solo para los propietarios, hay formas de evitar esto y utilizarlo en las estrategias de inversión. Por ejemplo, si usted compra una propiedad para permanecer en el uso de un préstamo de la FHA, después de uno o dos años, puede refinanciar la deuda para salir del préstamo de la FHA. Luego, puede comprar la segunda propiedad usando un nuevo préstamo FHA y luego alquilar la primera casa. Aún puede usar este préstamo FHA para comprar un dúplex, o incluso un cuatro-plex si decide vivir en una de las unidades y alquilar el resto.

Sin embargo, la FHA también tiene algunos negativos. Solo puede tener un total de cuatro préstamos de la FHA. Esto significa que una vez que usted es dueño de cuatro casas más el pago de una hipoteca, no podrá comprar otra casa usando un préstamo de la FHA. Otra desventaja es que cada mes que se paga la hipoteca, hay un cargo llamado Seguro Hipotecario Privado. Es el dinero que le paga al seguro del banco por el dinero que le prestaron.

Usted pagará por el seguro de la misma manera que lo hace por el seguro del coche, pero éste va al departamento de la FHA como seguro, en caso de que usted evite pagar el préstamo.

Financiación del propietario

En este modelo de financiación, el propietario del inmueble se convierte en el banco. El acuerdo sería dejar que el dueño de la propiedad retenga el pagaré contra la propiedad de la misma manera que un banco lo hace si le presta dinero. En este caso, usted negociará con el propietario el tipo de interés y las condiciones. Dado que el prestamista es el propietario, probablemente tendrá sus condiciones para usted, como un pago final, tasas de interés, pago inicial y otras formas de requisitos.

No vale la pena como inversor aplicar la financiación del propietario si el vendedor es propietario de la propiedad "libre de cargas" o la hipoteca de la propiedad es un préstamo asignable. El "libre de cargas" es cuando el propietario no tiene ninguna hipoteca restante ligada a la casa y es dueño de la propiedad en su totalidad. El "préstamo transferible" es aquel en el que el propietario puede entregarle sus derechos y obligaciones a usted como comprador.

No se aconseja comprar una propiedad utilizando la financiación del propietario en caso de que la hipoteca no pueda ser cedida. La financiación por parte del propietario puede ser una excelente manera de poseer una propiedad usando poco o nada de dinero porque el propietario tiene el control. No tiene que preocuparse por los prestamistas, o cualquier posible problema que pueda impedirle obtener la propiedad.

Dinero duro o Hard money

Este es un tipo de préstamo que se origina en el negocio privado o individual que se puede obtener para invertir en la inversión de propiedades de alquiler. El dinero duro tiene varias ventajas sobre otros tipos de finanzas, pero tiene algunas limitaciones. Algunos de los beneficios incluyen que no hay referencias de crédito, no hay verificación de ingresos, y el trato puede ser financiado en unos pocos días.

Las desventajas incluyen un pagaré a corto plazo de tres a seis meses, y una tasa de interés mayor al 15% - más cargos por el préstamo por encontrar el mismo.

¿Cómo aumentar su cartera para tener múltiples inversiones?

Cuando cualquier persona razonable piensa en invertir en bienes raíces, comenzará a pensar en conseguir su primera propiedad de inversión. Pensar en la primera propiedad inmobiliaria es la fuerza impulsora que hace que cualquier inversor en bienes raíces comience en la abarrotada industria de los bienes raíces.

Comprar su primera propiedad de inversión podría ser el primer paso que cualquier inversionista de bienes raíces da para expandir su portafolio de inversiones de alquiler.

Los inversionistas deben recordar que la generación de dinero en una inversión de alquiler es un proceso gradual, al igual que la construcción de su cartera de inversiones en bienes raíces. Los inversionistas de bienes raíces más exitosos comenzaron su viaje con poco o nada de dinero, pero lo más importante no es con cuánto se comienza, sino qué se hace con lo que se tiene.

Planificación

Antes de comenzar cualquier empresa, los inversores en propiedades de alquiler deben estar preparados para tomar decisiones que crean que reforzarán su prosperidad financiera. Por otro lado, empezar en el sector inmobiliario sin ninguna preparación o plan puede llevar a tomar decisiones equivocadas, que pueden resultar en pérdidas financieras.

Los inversores de propiedades de alquiler más exitosos tienen una visión que les ayuda a desarrollar los objetivos reales que pueden ser implementados en un plan. El plan, cuando se ejecuta de la manera correcta, puede dar vida a la visión del inversor inmobiliario. Para expandir su cartera de inversiones en bienes raíces, necesita desarrollar una visión de lo que cree que sería la cartera de inversiones en bienes raíces correcta y tomar decisiones que lo acerquen a su visión.

Lo principal al planificar un portafolio de inversión en bienes raíces es la matemática para su inversión en bienes raíces. Si desea saber cómo puede hacerse rico en inversiones en propiedades de alquiler, es tan fácil como aprender y dominar las matemáticas. Las matemáticas en la inversión de propiedades de alquiler son críticas porque necesita calcular las características financieras de la inversión.

Determinar sus finanzas

La evaluación de su estado financiero y la elaboración de estrategias creativas de financiación pueden impulsar su carrera de inversión en alquileres. Como se mencionó anteriormente, para hacerse rico en bienes raíces requiere que domine todas las matemáticas de la inversión, lo que puede considerarse como la característica financiera de la inversión. El desarrollo de un plan de negocios al que atenerse puede lograrse de muchas maneras. Un método del que dependerá un inversionista inmobiliario principiante es obtener finanzas a través de parientes y personas en redes de confianza.

Obtener un pago inicial por la primera propiedad de alquiler es el secreto que abre la puerta al éxito en la cartera de inversiones inmobiliarias. Para tener una idea clara de cómo esto puede ser un truco poderoso, compre su primera propiedad, consiga inquilinos, y luego comience a buscar otra. Esa es la forma en que debe proceder en la mayoría de los casos si desea ampliar su inversión en propiedades de alquiler. Conseguir esa primera propiedad de inversión es el canal para construir múltiples propiedades de alquiler.

Diversificar su cartera de bienes raíces

Es crucial que los inversores diversifiquen su selección. Cuando se amplía la inversión, se reducen los riesgos y se aumentan los beneficios. La construcción de una cartera de inversión en propiedades de alquiler diversificada exige que los inversores analicen múltiples técnicas de inversión para estar familiarizados con los factores que pueden diferenciar las propiedades. Por esa razón, un inversionista de bienes raíces debe saber cómo diversificar su portafolio geográficamente.

Cuando se tiene una inversión geográficamente diversificada, puede implicar que se tienen muchas cosas en diferentes formas. También podría significar tener propiedades de inversión en diferentes regiones.

Una estrategia de inversión popular es diversificar los tipos de bienes raíces en los que uno elige invertir. En otras palabras, no se restringe a un tipo específico de propiedad de inversión, sino que posee diferentes tipos de propiedades de inversión que le proporcionarán ingresos regulares bajo cualquier condición. Se dice que una cartera de inversión inmobiliaria es diversa cuando el inversionista posee y controla diferentes tipos de alquileres como casas unifamiliares, alquileres de oficinas y casas multifamiliares.

Considere al aprendizaje como un amigo

Una cosa que distingue a los inversores de alquiler exitosos es su capacidad para mantenerse resistentes y saludables incluso después de fracasar. Ellos avanzan y aprenden la forma correcta de enfrentar los desafíos. El mejor consejo para cualquier inversionista de propiedades de alquiler, especialmente los que están a punto de construir un portafolio de bienes raíces, es continuar aprendiendo. Siga leyendo libros, navegando por sitios web, y asistiendo a conferencias y reuniones. El aprendizaje es una herramienta esencial porque el mercado sigue cambiando. Aprender cualquier factor que afecte a los bienes raíces puede ser útil a largo plazo. El conocimiento profundo de los asuntos relacionados con la inversión inmobiliaria puede proporcionar al inversor la experiencia necesaria para identificar propiedades fuera del mercado y traducir los datos que conducen a los gastos reales.

El mercado de inversiones inmobiliarias es un mercado muy concurrido. Requiere que los inversores construyan una cartera de inversión inmobiliaria sostenible que sea lo suficientemente diversa para obtener los beneficios de la misma. Usar estos pasos para expandir su cartera de inversiones requerirá paciencia y compromiso.

Conclusión

Gracias por llegar hasta el final de *Inversión en bienes raíces: Una guía esencial para vender casas, vender propiedades al por mayor y construir un imperio de propiedades de alquiler, incluyendo consejos para encontrar acuerdos de ganancia rápida y activos de ingresos pasivos*. Debería haber sido informativo y proporcionarle todas las herramientas que necesita para alcanzar sus objetivos, independientemente de cuáles sean.

Los bienes raíces tienen un gran historial. Invertir en propiedades de alquiler ofrece la oportunidad de obtener un enorme retorno y crear una diversificación significativa en su cartera de inversiones. Cuando se maneja sabiamente, puede ser una valiosa herramienta de flujo de dinero en su cartera de inversiones. Al igual que cualquier otra inversión, los bienes raíces no son una excepción; es necesario que entienda y mida los riesgos y las recompensas esperadas antes de comenzar.

Dependiendo de cómo decida invertir en bienes raíces, requerirá una cantidad diferente de capital, tiempo, conocimiento y paciencia.

Si coincide con sus objetivos y personalidad, las empresas de reforma de viviendas de alto riesgo pueden ser lo que le parezca adecuado. Si no tiene conocimientos profundos, capital o experiencia para empezar a reformar casas, puede optar por la venta al por mayor de propiedades, que no requiere mucho capital. Si no, aún puede acceder a los beneficios de la diversificación. Existen varias opciones de inversión pasiva en la inversión inmobiliaria que pueden ayudarle a descubrir los bienes inmuebles sin muchas obligaciones.

Por último, si usted encontró este libro útil de alguna manera, una reseña en Amazon ¡siempre es bienvenida!

Segunda Parte: Inversión en propiedades de alquiler

Descubra los secretos de la inversión y la gestión de bienes raíces, y encuentre aquellas propiedades de inversión que le proporcionen ganancias pasivas

Introducción

1. Cuando se trata de inversión en bienes raíces, lo primero que puede venir a su mente es su casa; sin embargo, los bienes raíces residenciales pueden desempeñar un papel importante en cualquier cartera exitosa y diversificada.

2. Cuando usted invierte en bienes raíces residenciales, a menudo denominados propiedades arrendadas y que son un activo tangible, usted obtiene una oportunidad de inversión segura e interactiva que le permite expandir su cartera financiera. Además, tener una propiedad en alquiler es un medio seguro y excelente para aumentar su patrimonio.

3. La inversión y la gestión de propiedades en alquiler puede ser tan simple como jugar a un juego de monopolio, siempre y cuando usted domine los factores fundamentales de la economía, las finanzas y el riesgo. Para tener éxito, tiene que comprar propiedades, evitar la bancarrota y generar renta para poder comprar más propiedades. Pero no olvide que "simple" no significa "fácil". Si usted comete un error, los resultados pueden ir desde desastres menores a mayores. Incluso puede caer en quiebra o algo peor.

4. En este libro, usted aprenderá los secretos que los inversionistas exitosos usan para manejar sus inversiones en propiedades.

5. El primer capítulo detalla los fundamentos y las responsabilidades de convertirse en propietario.

6. A continuación, aprenderá a encontrar propiedades de inversión que puedan proporcionarle ingresos por alquileres tanto a corto como a largo plazo. Una vez que domine las diferentes estrategias, aprenderá a administrar la propiedad real.

7. A continuación, descubrirá cómo agregar valor a su propiedad de alquiler, incluyendo cómo hacer un modelo de negocio exitoso.

8. Los capítulos cuatro y cinco se centran en cómo analizar su propiedad de alquiler y las diferentes maneras de financiar su propiedad, respectivamente.

9. El sexto capítulo profundiza sobre los mejores métodos para negociar acuerdos. Usted aprenderá por qué es fundamental escuchar cuando necesita comenzar una negociación y por qué debe utilizar espejos en su conversación.

10. El capítulo final se concentra en los mejores secretos de la inversión y la gestión de las propiedades de alquiler. Lo más importante es cómo elegir el plan correcto, cómo seleccionar los miembros de su equipo de inversión de alquiler y cómo gestionar sus alquileres y estrategias de salida.

11. Por último, aprenderá sobre los errores que hay que evitar en la inversión en propiedades de alquiler.

12. Si usted es nuevo en la inversión en propiedades de alquiler o en la organización de su propiedad de tercera renta, este libro tiene excelentes consejos para usted.

13. ¡Es hora de comenzar!

14. Capítulo 1: Convertirse en arrendador

Convertirse en arrendador puede ser una gran opción para aumentar su riqueza. Si este es su plan, aquí hay algunos indicadores sólidos que puede considerar:

• Prepárese para el tipo de trabajo que conlleva, el cual implica la búsqueda de inquilinos hasta el cumplimiento de acuerdos legales y el cuidado de los servicios públicos. Es crucial saber en qué se está metiendo.

• Como arrendador, usted necesita un abogado especialista en bienes raíces que lo ayude a lidiar con cualquier problema legal que pueda ocurrir. Diferentes leyes federales y estatales regulan los asuntos de alquiler, como depósitos de seguridad, contratos de arrendamiento, discriminación, pagos atrasados de alquiler y mantenimiento.

• Si usted tiene una propiedad que desea alquilar, pero no quiere ocuparse de las tareas cotidianas, busque una empresa de administración de propiedades.

• Usted deberá trabajar duro para conseguir los inquilinos adecuados. Si elige mal a sus inquilinos, entonces debe prepararse para desalojarlos.

Ser propietario de un inmueble para alquilar: Un viaje a la riqueza

Según un informe de la Encuesta de compradores de casas de vacaciones e inversiones de la Asociación Nacional de Agentes Inmobiliarios de 2017, las propiedades de inversión aumentaron de 1.09 millones a 1.14 millones en 2016.

Usted puede dedicarse al alquiler de sus propiedades de distintas maneras. Puede elegir que otros hagan todo el trabajo por usted, o puede ser su propio jefe y aumentar gradualmente su patrimonio neto. Sin embargo, este trabajo no es para todos.

¿Usted tiene las habilidades y la experiencia que se necesita?

Para muchos, es un trabajo duro, solo a unos pocos novatos les resulta fácil convertirse en arrendador o casero de sus propiedades. Algunos experimentan problemas, especialmente cuando la economía y el mercado no funcionan bien, es decir, cuando los inquilinos comienzan a no pagar el alquiler.

Si usted ha vivido en una casa o apartamento alquilado, es posible que nunca haya conocido a su arrendador. Esto se debe a que él o ella pueden haber elegido a otras personas para que mantengan y administren la propiedad.

Posiblemente, el arrendador y propietario del inmueble puede haber vivido en uno de los apartamentos de su edificio. Entonces, es posible que se hayan conocido o se hayan cruzado todos los días sin saberlo o puede que haya realizado todas las tareas y responsabilidades, como reparar un grifo con fugas.

Las funciones principales del arrendador

Si los propietarios deciden hacer todo por su cuenta o designar a otros para que lo hagan, aún tienen la responsabilidad principal de muchas tareas, tales como:

Encontrar los inquilinos correctos

15. Publicidad para atraer nuevos inquilinos: Usted pronto aprenderá a dirigirse a su mercado objetivo. Es importante señalar, que existen algunas plataformas online dedicadas a la publicidad local clasificada que puede utilizar y que son rentables. Tal es el caso de Craigslist.

16. Acuerdos legales: Usted debe firmar un contrato de arrendamiento para cada alquiler. Los elementos principales que debe incluir en un contrato de arrendamiento son declaraciones que establecen claramente quién es responsable de las diferentes tareas, como el mantenimiento del patio o garantizar el mantenimiento de los electrodomésticos.

17. Usted puede contratar a un abogado para que redacte el contrato de arrendamiento o puede redactarlo usted mismo con una plantilla que puede obtener en una página web certificada.

18. Enseñar la propiedad a los clientes potenciales: Esta es una gran oportunidad de venta que puede ayudarlo a reducir el tiempo muerto entre un alquiler y otro. También es una oportunidad para saber que clientes no califican y eliminarlos.

19. Chequee los inquilinos para evitar delincuentes, morosos e insolventes: Diferentes compañías, algunas en Internet, proporcionan verificaciones de crédito y la verificación del potencial inquilino al propietario.

Administrar su Propiedad

1.   *Cobro de alquileres y depósitos:* ¡no se olvide de esto!

2.   *Establezca y aplique reglas:* a los propietarios más exitosos les gusta implementar reglas rígidamente. Los inquilinos no tienen otra opción que cumplir con las normas y reglamentos.

3.   *Solución de problemas de seguro y responsabilidad civil:* pueden incluir piscinas, caminos helados y garantizar que el hogar cumpla con los estándares exigidos.

4.   *Mantener los libros y controlar los pagos de impuestos:* Infórmese bien para que pueda reclamar todas las deducciones que se apliquen.

5.   *Observar las leyes locales de propietarios e inquilinos:* Y así evitar llegar a *la* corte o aún peor, perder en la corte.

6.   *Mantenga los registros correctos para fines legales y fiscales:* nunca se sabe cuándo el tribunal y el **IRS** le pedirán dichos detalles.

Es bueno probar solo aquellas tareas y responsabilidades para las cuales cree que tiene el tiempo y las habilidades. Sin embargo, el trabajo que subcontrate le costará y reducirá las ganancias de su empresa.

¿Alquiler ocasional o Aspiración profesional?

Algunas personas nacen para ser arrendadores, otras llegan a serlo a través del esfuerzo y trabajo, o simplemente otras porque se les ha impuesto. Esto significa que heredan una propiedad de alquiler, la compran o se convierten en propietarios y arrendadores inesperadamente.

Quienes se convierten en arrendadores accidentalmente, suelen ser propietarios de viviendas que tuvieron que mudarse a un lugar diferente, probablemente por razones familiares o de trabajo, pero no pudieron vender su casa. Esto podría deberse a que tenían "patrimonio neto negativo" o el mercado inmobiliario local era pobre, y nadie estaba comprando. Por lo tanto, para asegurarse de tener dinero, tuvieron que alquilar su casa.

Inmueble "a prueba de inquilinos"

Esto generalmente es bueno para el inquilino porque el inquilino puede vivir en la propiedad con el "orgullo y la alegría" del propietario. Sin embargo, si el inquilino no cuida bien la casa, así como el propietario, eso puede cambiar fácilmente y el inmueble arrendado puede convertirse rápidamente en una pocilga.

Para hacer frente a este riesgo, algunos arrendadores se encargan de poner su propiedad "a prueba de inquilinos". Esto podría significar reparar pisos de madera dura destruidos utilizando alfombras de bajo costo y linóleo, al mismo tiempo que elimina los aspectos débiles que pueden haber sido dañados, como una estufa de leña.

Dicho esto, la prueba de los inquilinos debe considerarse en forma de marketing de contenidos. Si desea atraer inquilinos de alto nivel que pagarán por servicios de calidad, entonces necesitan algo de lujo. Si las personas en su mercado objetivo están interesadas en un techo sobre sus cabezas, su objetivo debe ser asegurar el valor de su activo.

Ayuda Profesional

Algunos arrendadores piensan que pueden acometer todas las tareas ellos mismos. Aunque algunos tienen éxito, muchas personas no encuentran suficiente tiempo en un día, especialmente cuando tienen otro trabajo. También pueden carecer de las habilidades para realizar todos los trabajos de mantenimiento y reparación necesarios.

Por lo tanto, deciden buscar un profesional para que los ayude. Los pocos que carecen del tiempo para elegir, optan por una empresa de servicios de administración de propiedades a tiempo completo, que gestionará todas las tareas en su nombre. Los costos para la administración de la propiedad dependen del mercado local actual, la tarea que hacen y si el alquiler es a corto o largo plazo.

En los EE. UU., la gestión del alquiler a largo plazo se sitúa en el rango del 8-15%. Sin embargo, las propiedades de alquiler a corto plazo en las áreas de resort, pueden tener un costo de más del 50% por su administración. Cada semana, será necesario limpiar el lugar, tomar reservas, reemplazar las líneas y cobrar el alquiler.

Escoger del menú

Escoger a una agencia o un profesional para que realice todos los servicios completos puede ser muy costoso para muchos propietarios. Se sugiere ver la lista de tareas que deben hacerse como un menú, y luego seleccionar las cosas que usted puede hacer bien personalmente y subcontratar el resto.

Aquellos que son buenos haciendo cosas de la casa, pueden elegir las tareas de reparación de rutina, y los que tienen experiencia genuina en la construcción pueden asumir todo tipo de trabajo que pueda requerir una casa. Del mismo modo, algunos pueden ser muy buenos en tareas administrativas o tener excelentes habilidades con las personas. Lo correcto es aprovechar sus puntos fuertes al elegir las tareas que desea hacer.

No tome riesgos

La regla de oro siempre ha sido no pretender ser bueno en las cosas cuando no lo es. No se preocupe ni se sienta mal por sus limitaciones, todos las tienen.

Algunas personas simplemente no tienen la intención de manejar una herramienta o descubren que sus ojos se cansan al leer un documento legal. Otros son contadores naturales o pueden ser más comprensivos con respecto a un inquilino que está atrasado en su alquiler o que se acerca a un incumplimiento de su contrato.

Por lo tanto, siempre debe recordar el viejo dicho: "lo barato sale caro". En otras palabras, no arruine su negocio para ahorrar unos pocos dólares, especialmente cuando tenga dudas sobre problemas legales, es mejor contratar a un abogado.

¿Qué le parece ser un arrendador anónimo?

Si usted vive en uno de los apartamentos de un edificio de su propiedad, puede tener algunas ventajas. Nadie cuidará su mayor activo mejor que usted. Además de eso, no perderá tiempo trasladándose de un lugar a otro.

Sin embargo, vivir en las mismas instalaciones de su inquilino tiene sus desafíos. Para comenzar, existe la necesidad de cierta distancia emocional con sus inquilinos. Si usted se hace amigo de ellos, puede ser difícil evitar sus súplicas si alguna vez pagan el alquiler tarde. Además, pueden convencerlo de que no siga todas las reglas o puede ser sometido a sus quejas con frecuencia.

Si usted no desea que las personas llamen a su puerta todo el tiempo para quejarse de problemas menores, entonces debe vivir lejos de la propiedad.

Una forma de superar esto es no revelar a quienes lo rodean que usted es el propietario; o en su lugar, puede usar un administrador de propiedades para administrar el edificio.

Capítulo 2: Encontrar propiedades para invertir

Cuando se trata de invertir en propiedades de alquiler, usted quizás se pregunte en qué tipos de propiedades de alquiler debería invertir su dinero. Bueno, la respuesta es simple: los diferentes tipos de propiedades de alquiler satisfacen las necesidades de varios inversionistas de bienes raíces. Cada clase de propiedades de alquiler tiene sus ventajas y desventajas, incluyendo el retorno en la inversión, la frecuencia de los flujos de efectivo y otros factores. Dicho esto, ¿cuáles son los mejores tipos de propiedades inmobiliarias para invertir?

Propiedades de alquiler a largo plazo versus propiedades a corto plazo

Como inversionista en propiedades de alquiler, es bueno establecer sus objetivos de inversión antes de comenzar a explorar diferentes tipos de propiedades. La decisión de elegir estrategias de alquiler a largo o corto plazo depende del método de financiación que usted elija y de la ubicación de la propiedad. Si selecciona el plan de alquiler a largo plazo, se asegura un flujo continuo de ingresos que pagará sus facturas hipotecarias. Sin embargo, este no es el caso con alquileres a corto plazo, donde la ubicación es crítica para definir la tasa de ocupación de su propiedad.

Por esa razón, las propiedades de alquiler a largo plazo son el tipo de propiedad de alquiler más popular en la inversión inmobiliaria. Los alquileres a largo plazo se alquilan por al menos seis meses y son elegidas por los inversionistas inmobiliarios nuevos y con experiencia, ya que proporcionan un ingreso estable que pagará la inversión, aumentará su valor con el tiempo y se pueden utilizar contra préstamos con garantía hipotecaria.

El riesgo significativo que representan las propiedades de alquiler a largo plazo es cuando están vacías, y esto puede eliminarse invirtiendo en una propiedad ubicada en la mejor zona que satisfaga las necesidades de los inquilinos; por ejemplo, invertir en viviendas unifamiliares cercanas a las escuelas. Otro inconveniente que presentan las propiedades de alquiler a largo plazo es el manejo de inquilinos. Convertirse en propietario no es un trabajo simple, especialmente si tiene inquilinos tercos y exigentes. Es por eso que contratar una empresa de administración de propiedades puede evitar los problemas cotidianos y aliviar el estrés, pero esto tiene un costo.

Por otro lado, los alquileres a corto plazo funcionan todas las noches. En otras palabras, el intervalo de tiempo en que un inquilino puede quedarse varía entre una noche y seis meses. Los propietarios pueden alquilar sus casas o incluso comprar propiedades de inversión con el único propósito de alquilarlas a corto plazo. Algunas de las compañías que facilitan alquileres a corto plazo incluyen HomeAway, Airbnb, y VRBO entre otras. La principal ventaja de tener una propiedad de alquiler a corto plazo, especialmente en una ubicación estratégica, es la gran ganancia generada en comparación con el alquiler de la misma propiedad por un período prolongado. Sin embargo, debido al nivel de competencia en este negocio, los propietarios tienen que establecer una ventaja competitiva para mantener las tasas de ocupación.

Tipos de propiedades de alquiler

Apartamento normal

Un apartamento es una vivienda alquilada dentro de un edificio residencial que puede tener una o más habitaciones, lo cual es bueno para una persona o familia. Es posible tener varios apartamentos en un solo complejo residencial, pero cada apartamento es independiente y se puede alquilar.

Un apartamento debe contener todas las habitaciones necesarias que requerirá un individuo, como un baño, cocina, dormitorio y servicios. Pero algunos apartamentos tienen otras características. Tomemos, por ejemplo, un apartamento tipo estudio. Esto es lo mejor para una persona porque tiene solo una habitación que actúa como sala de estar, comedor y dormitorio, con una pequeña cocina y baño.

Un apartamento con jardín a menudo está rodeado por un área ajardinada, similar a una casa adosada, mientras que un apartamento tipo loft tiene diferentes unidades alojadas dentro de un edificio de varios pisos. La definición puede parecer confusa, debido a los otros tipos de apartamentos presentes hoy en día, pero la mayoría son ideales para un individuo o una familia pequeña.

Apartamentos con servicio

Un apartamento con servicio es una propiedad de alquiler de alta gama que tiene todas las comodidades necesarias de un apartamento promedio, pero también ofrece otros servicios. Eso significa que tiene un servicio de limpieza programado, camarera o criada, reparaciones y otros beneficios que puede encontrar en un restaurante u hotel. Este apartamento es el más adecuado para las personas que desean algo adicional al acuerdo, mejor espacio, privacidad y una estadía prolongada. El propósito de un apartamento con servicio es ofrecer uno de los mejores espacios de lujo para garantizar que el inquilino se sienta como en casa. Como la mayoría de los apartamentos, un apartamento con servicio también tiene espacios privados y espacios comunes para todos los ocupantes.

Street house/casa unifamiliar

Una casa unifamiliar es un edificio independiente diferente de una casa familiar normal con un área de estacionamiento privado, patio y jardín. La casa puede ser de un solo piso o de varios pisos, con otras funciones como cercas, una piscina, un garaje y un camino de entrada. Esto es un poco diferente de una casa adosada o una casa en la calle que se construye al lado de otras unidades. La casa adosada puede ser un complejo de varios pisos similar a un apartamento, pero a menudo contienen más espacio en el piso y el nivel más bajo puede ser ocupado por tiendas y oficinas. Una casa adosada también puede parecerse a un complejo de apartamentos, pero estos últimos generalmente tienen un espacio compartido, y el edificio tiene ascensores, escaleras y caminos para todos. A diferencia de las casas, los apartamentos están amueblados por el propietario con electrodomésticos y muebles.

Bed and Breakfast

De forma abreviada conocido como "B&B", es una casa privada diseñada para que los huéspedes pasen la noche. Como su nombre lo indica, tiene un desayuno incluido y otras comodidades sociales. Existen muchos tipos de bed and breakfast y son únicos según la región y la ciudad. Generalmente mejor valorados que otras instalaciones.

Bungalow

Un bungalow es una casa baja que cuenta con un gran porche delantero sin un piso superior o habitaciones superiores ubicadas en el techo. Los bungalow ofrecen movilidad fácil para ancianos, discapacitados o niños porque solo hay un piso. Un bungalow tiene mucho encanto debido a los diferentes tipos de casas que se construyeron a principios del siglo XX.

Condominio

También conocido como "condo", se refiere a un edificio o un complejo de edificios que tienen apartamentos de propiedad individual. La mayoría de los condominios ofrecen más comodidades que los apartamentos.

Cabaña

Una cabaña es generalmente una casa pequeña, generalmente de una sola planta. Las cabañas están construidas en una amplia gama de materiales que comprenden piedra, zarzo o madera. Las cabañas son acogedoras y comunes en las regiones rurales o semi-rurales.

Hostal o albergue

Este es un alojamiento de bajo presupuesto utilizado entre los viajeros. Cuando una persona reserva una estadía en un albergue, generalmente reserva una sola noche, pero no la habitación completa. Una cama puede estar en una habitación compartida con cuatro o veinte viajeros a la vez. Los baños en un albergue son de estilo dormitorio, con diferentes duchas y una hilera de lavabos. Los albergues son baratos y brindan a un individuo la oportunidad de interactuar con diferentes tipos de personas; sin embargo, no ofrecen la comodidad y el confort de un hotel.

Mansión

Es una casa grande, bonita y cara.

Townhome o casa adosada

Por definición, una casa adosada es una casa adosada alta, estrecha y tradicional que tiene tres o más pisos. Debido a la corta distancia a los vecinos y a las paredes compartidas, esto puede provocar ruido y privacidad limitada. A pesar de eso, una casa adosada está amueblada con excelentes comodidades, como parques infantiles, piscinas, canchas de tenis, casas club y mucho más.

Villa

Históricamente, las villas se consideraban una finca rural de clase alta construida por romanos. Hoy en día, las cosas han cambiado porque se han rediseñado en viviendas adosadas en un distrito residencial.

Chalet

Los chalets se parecen a las cabañas; la única excepción es que tienen lados panelados y techos angulados. Los chalets generalmente están conectados con vistas a montañas y laderas. Son lujosos y están equipados con jacuzzis y chimeneas. Además, tienen amplias cubiertas y terrazas. También se incluyen otras excelentes comodidades, como Wi-Fi, agua y electricidad.

Los mejores tipos de propiedades de alquiler para invertir

Ahora que usted está familiarizado con los diferentes tipos de propiedades de alquiler veamos el tipo de propiedades de alquiler en las que puede invertir.

Viviendas unifamiliares

Estas son estructuras separadas que generalmente albergan una sola familia. A menudo las encontrará en áreas suburbanas porque los precios de la tierra son mucho más bajos que en zonas urbanas. Después de evaluar todo tipo de propiedades de alquiler, las casas unifamiliares son quizás las mejores por diferentes razones:

- *Alta demanda:* incluso cuando el mercado inmobiliario registra pérdidas, siempre habrá demanda de viviendas unifamiliares.

- *Inversiones asequibles:* si las compara con otros tipos de propiedades de alquiler, las viviendas unifamiliares requieren la menor cantidad de capital para la inversión.

- *Fácil de financiar:* siempre que tenga un pago inicial de al menos el 20% del precio de compra, los prestamistas hipotecarios están dispuestos a financiar su inversión de alquiler.

Sin embargo, una desventaja de invertir en viviendas unifamiliares es que usted debe estar preparado para cumplir con todas las responsabilidades del arrendador. Aunque puede decidir contratar una empresa de administración de propiedades, eso no es lo mejor que puede hacer.

Viviendas Multifamiliares

Una casa multifamiliar es una propiedad residencial que contiene un mínimo de dos unidades de vivienda. Lo que hace que estos tipos de propiedades de alquiler sean interesantes para la inversión es el flujo de efectivo masivo que generan. Sin embargo, el proceso de financiación de estas viviendas es más complicado que las viviendas unifamiliares. No solo son costosas, sino que tampoco es fácil calificar para un préstamo inmobiliario residencial. Por último, la casa multifamiliar debe tener cuatro unidades o menos.

Townhouses o casas adosadas

Estas son muy comunes en las zonas urbanas. Las casas adosadas se definen por su área pequeña de metros cuadrados por piso en varios pisos. En general, las casas adosadas son más baratas en comparación con las viviendas unifamiliares porque la demanda de estas últimas es mayor.

Lo más importante

Cuando se trata de invertir en propiedades de alquiler, es difícil elegir cuál de los diferentes tipos de propiedades inmobiliarias es el mejor. Todo depende de los precios de las casas en su área determinada, su disposición para convertirse en propietario y sus objetivos de financiación.

Tipos de propiedades para alquileres a corto plazo

¿Cómo puede un novato en inversiones inmobiliarias elegir los mejores tipos de propiedades para convertirlas en propiedades de alquiler, especialmente cuando tiene una estrategia de inversión de alquiler a corto plazo?

En esta sección, analizamos algunas de las propiedades de alquiler más populares que usted puede utilizar para alquileres a corto plazo y obtener buenos ingresos.

Los tipos de propiedades difieren entre sí en términos de temporada, ubicación, rendimiento general del año, mantenimiento y costos de funcionamiento. El objetivo es darle una mejor idea de lo que debe esperar, tomando en cuenta los diferentes tipos de propiedades para elegir.

Existe una amplia variedad de propiedades de alquiler que se utilizan como alquileres a corto plazo en inversiones inmobiliarias; sin embargo, los inversionistas experimentados en propiedades de alquiler saben que todos los tipos de propiedades no son iguales. Para cada propiedad de alquiler, hay un método diferente de administración para cumplir el objetivo como un activo generador de ingresos.

Entre todos los diferentes tipos de propiedades de alquiler que se pueden utilizar para alquiler a corto plazo, estos son los más populares en el mercado inmobiliario actual. Tienen ventajas, desventajas y cualidades que los hacen únicos y los diferencian de otras formas de propiedades de alquiler:

Alquileres en temporadas de vacaciones

Los inmuebles para alquileres de vacaciones son el tipo más común de propiedades que compran los inversores de propiedades de alquiler. Esto se debe a que los alquileres tienen un rendimiento directo y casi garantizan ganancias durante épocas específicas del año.

Invertir en propiedades para alquiler vacacional tiene diferentes ventajas, pero la ventaja más evidente y la razón por la que son tan populares entre los millennials, es la dualidad de su desempeño.

Si bien los inversionistas experimentados y antiguos pueden preferir invertir en propiedades que generarán los mayores rendimientos, a los millennials les gustan las propiedades de las que pueden obtener ganancias y que les permitirán ahorrar dinero y usarlo para otros fines.

Los alquileres de vacaciones pueden permitirle ahorrar dinero al actuar como alojamiento para el propietario en caso de que decida viajar a un lugar para disfrutar con su familia. Esto proporciona a los propietarios de los inmuebles para alquileres vacacionales un medio para obtener ingresos adicionales y una casa secundaria que pueden usar cuando lo deseen.

Además, los inmuebles para alquileres de vacaciones se encuentran en lugares que tienen el mayor número de viajeros y turistas, especialmente durante el verano. Si usted está buscando comprar un inmueble para alquiler vacacional y se convierte en un alquiler a corto plazo, debe asegurarse de elegir un lugar al que desee ir de vacaciones.

La principal desventaja que tienen los alquileres vacacionales es su estacionalidad. Esto implica que a pesar de que los alquileres vacacionales pueden funcionar bien durante la temporada alta, el rendimiento disminuirá en los otros meses del año y es posible que tenga dificultades para obtener ganancias cuando ingrese en las temporadas bajas.

Esto también significa que, si usted decide vivir en la propiedad durante la temporada alta, reducirá significativamente la cantidad de dinero que puede ganar de la propiedad, así que asegúrese de hacer los arreglos con sus finanzas de la mejor manera posible.

Casas de lujo

Las casas de lujo no son el tipo más popular de alquileres a corto plazo, especialmente para inversionistas principiantes. La razón de esto es que las casas de lujo generalmente requerirán una fortuna como inversión. Estas casas no solo son costosas de comprar, sino que también sus costos de mantenimiento y administración son muy altos.

Sin embargo, si usted es una persona creativa, tiene confianza en sus habilidades de publicidad y marketing y tiene suficiente dinero para comprar la propiedad, entonces las casas de lujo pueden ser bastante rentables.

En general, no debe esperar alquilar su casa de lujo regularmente durante el año. Sin embargo, cuando finalmente la alquila, recibirá mucho dinero. Recuerde que las personas que desean alquilar una casa de lujo son aquellas con muchísimo dinero, y están listas para pagar más si les brinda una estadía premium y una experiencia agradable.

Como resultado, las personas que poseen casas de lujo a menudo buscarán una compañía de administración de propiedades de primer nivel que ofrezca una experiencia excepcional durante el período de estadía del inquilino, que intente convertir a cada inquilino en un cliente potencial y haga que sugieran su propiedad a sus amigos. Este es el punto donde el éxito de las casas de lujo puede comenzar o fracasar.

Sin embargo, solo tenga en cuenta que las casas de lujo son una gran apuesta, y perder dinero en su inversión puede no darle otra oportunidad de invertir en otra propiedad en el futuro.

Gateway Homes

Estas propiedades están ubicadas en zonas remotas o en áreas alejadas de las ciudades. Las casas de este tipo son comúnmente utilizadas por personas que quieren separarse de la vida ocupada de la ciudad y disfrutar de momentos tranquilos y relajantes en la naturaleza.

Aunque esto puede ser algo a lo que usted no se dirige, muchas personas están buscando este tipo de propiedad de alquiler.

Hay varios factores que usted debe recordar antes de invertir en gateway homes para alquileres a corto plazo:

• Las casas Gateway son baratas de comprar y de alquilar. Por lo tanto, no debe tener demasiadas expectativas sobre la cantidad de ingresos por alquiler que puede generar de ellos.

• No espere gastar mucho dinero en el mantenimiento y la administración de estas propiedades. Dado que las casas están construidas con materiales de madera y son de tamaño pequeño, cualquier forma de reparación o mantenimiento que se requiera será mínima.

• Los inquilinos que desean mudarse a gateway home generalmente la alquilarán durante algunos meses, que es más largo que el período para otros alquileres a corto plazo. En otras palabras, las gateway homes son alquileres a medio plazo.

• En general, usted no debería experimentar ningún problema legal al alquilar las casas gateway porque la mayoría de los problemas legales con alquileres a corto plazo ocurren con hoteles y otras formas de alojamiento.

• Ejemplos de este tipo de casas incluyen bungalows, cabañas y chalets.

Las viviendas Gateway son propiedades de alquiler especiales en las que puede optar por invertir, y la mayoría de los inversores inmobiliarios las recomiendan a los inversionistas principiantes porque son inversiones baratas con bajos niveles de riesgo.

Hay muchos tipos diferentes de propiedades de alquiler disponibles para invertir, y, por ende, los novatos a veces pueden tener dificultades para identificar el que se ajuste a su personalidad y objetivos de inversión.

¿Cómo elegir su primera propiedad de alquiler?

Alquilar una propiedad inmobiliaria se considera uno de los mejores métodos para construir riqueza personal. Según los inversionistas inmobiliarios que poseen docenas de propiedades de alquiler, uno puede obtener una ganancia anual masiva al mismo tiempo que genera riqueza en el patrimonio de sus propiedades. Para que uno logre este nivel de éxito, es importante dar el primer paso y comprar su primera propiedad de alquiler. En la mayoría de los casos, la primera propiedad en las carteras de alquiler es la más importante porque su fracaso o éxito generalmente definirá si un inversionista se compromete o no tanto con los bienes raíces. A continuación, se muestran algunos consejos para ayudarlo a elegir su primera propiedad de alquiler y asegurarse de que sea un éxito:

1. Fije sus parámetros

Lo primero que se debe tomar en cuenta al elegir una propiedad de alquiler es identificar varias características básicas de lo que está buscando. Determine, por ejemplo, la ubicación en la que desea que esté la propiedad de alquiler. Las ciudades y vecindarios alrededor de las universidades o cerca de los centros de negocios proporcionarán ingresos decentes altos por el alquiler. Además de eso, debe decidir el tipo de propiedad que desea comprar. En la sección anterior, analizamos los diferentes tipos de propiedades de alquiler que los inversionistas pueden comprar. La mayoría de los inversionistas prefieren casas unifamiliares; sin embargo, algunos pueden estar interesados en la idea de una propiedad dúplex que pueda generar múltiples ingresos por alquiler. Estos tipos de propiedades también tienen la ventaja de generar ingresos, incluso si un solo inquilino se muda.

La cantidad de dinero en su cuenta bancaria es otro factor vital a considerar. La mayoría de los inversionistas principiantes tienden a creer que cuanto más dinero gasten, más ganancias obtendrán. Aunque esto puede ser cierto en ciertos niveles, también es posible obtener buenas ganancias de una propiedad de menor costo, especialmente cuando se encuentra en el lugar correcto y atrae a los inquilinos adecuados. Decida la cantidad de dinero que está dispuesto a gastar o pedir prestado para invertir e intente mantener esa cifra mientras busca propiedades.

2. Haga una lista de las mejores propiedades

Una vez que usted haya tomado una decisión sobre lo que está buscando en una propiedad, es hora de buscar en su área local las viviendas que se ajusten a sus criterios. Busque en las áreas del vecindario que cree que es bueno tener propiedades de alquiler para viviendas que están cerca de su rango de precios. Asegúrese de tener en cuenta el tamaño, la condición y la antigüedad de la propiedad. También tenga en cuenta cualquier otro factor que pueda afectar la cantidad que cobraría por el alquiler. Los listados en línea pueden ser útiles en esta etapa porque enumerarán los metros cuadrados, baños, dormitorios e información de utilidad pertinente. Además de esto, también mostrarán imágenes interiores de la casa, que puede usar para evaluar el estado general de la misma.

Aunque el número de propiedades que verá variará según la disponibilidad en el mercado y los criterios que seleccione, debe buscar un mínimo de diez propiedades que valgan la pena investigar más. Incluso si usted siente que tiene suerte pues ha encontrado la propiedad perfecta en su primer o segundo intento, siga buscando. Mientras más larga sea la lista de opciones, usted tendrá más posibilidades de adquirir una propiedad que cumpla con sus criterios.

Aquí tiene un ejemplo de los criterios que puede tomar en cuenta para adquirir una propiedad:

- Al menos tres habitaciones

- Un mínimo de 1 baño y medio

- Al menos 84 metros cuadrados

- El año mínimo de construcción: 1991

- El alquiler mensual mínimo: $ 900 / mes

- El presupuesto de renovación no debe ser superior al costo de la vivienda.

- Garaje para un auto

- El precio objetivo de compra: de $ 45.000 a $ 105.000

Limite la lista

A continuación, debe organizar la pantalla de cada una de las casas para poder ver con precisión el interior. Este paso por sí solo limitará naturalmente su lista porque hay algunas propiedades que decidirá que no se ajustan a sus estándares. Para las propiedades restantes, debe realizar una investigación más profunda. Busque listados de alquiler de propiedades similares en el vecindario cercano para identificar el estándar de alquiler. Comience a comparar los posibles ingresos de alquiler de cada propiedad con su precio, y pronto se quedará con solo dos o tres propiedades que ofrecen el mayor retorno posible de la inversión.

Busque opciones de financiamiento

Ahora que usted ha hecho la parte más difícil al elegir un puñado de excelentes propiedades, es hora de determinar su poder de financiación. En la mayoría de los casos, esto no diferirá demasiado de una propiedad a otra porque la mayoría de las inversiones exigen que solicite una hipoteca. Sin embargo, si usted tiene suerte, encontrará una propiedad en la que el propietario actual podrá financiarlo a una tasa más asequible que la que ofrecería un banco. Si esto sucede con una de las propiedades en su lista, podría inclinar la balanza a favor de esa propiedad.

Tome acción

Hasta ahora, cada paso que hemos analizado para ayudarlo a elegir su primera propiedad de alquiler es gratuito. Muchas personas que comienzan con la inversión en propiedades de alquiler llegan a este punto y se detienen. Si usted desea obtener éxito en la inversión para alquiler, tendrá que comprar una propiedad en algún momento. Elija la propiedad que crea que es la mejor inversión y comience el proceso comprándola. Si cree que puede haber perdido otras oportunidades o simplemente no ve que las propiedades que le quedan son tan atractivas como esperaba, comience a buscar otras opciones. Sin embargo, asegúrese de proceder con la intención de comprar una propiedad lo antes posible.

El proceso de comenzar la inversión en propiedades para alquiler con la finalidad de convertirse en un inversionista exitoso es largo. Si usted puede aplicar un elaborado proceso de selección en su primera propiedad, invertirá sabiamente y tendrá éxito. Asegúrese de elegir siempre las mejores propiedades disponibles y es más probable que tenga éxito como inversionista.

Encontrar propiedades de inversión a la venta en las redes personales de inversores o networking

La inversión en propiedades para alquiler implica hacer negocios con personas. Las relaciones que construye un inversor inmobiliario a lo largo de su carrera son críticas. Es posible que una persona que usted conoce bien sepa mucho o lo pueda conectar con alguien que conozca sobre el tema. La creación de redes o networking se considera la mejor manera de identificar propiedades para alquiler en venta que algunas personas conocen. Además, de esta manera, un inversionista puede comprar la propiedad a un precio más bajo.

Una encuesta realizada por 12.000 profesionales de negocios en el grupo Business Networking International aclaró por qué las redes son esenciales. A partir de esta encuesta, el estudio reveló que las personas que dedicaron un promedio de 6,3 horas de trabajo de networking por semana aumentaron su éxito en los negocios.

Sin embargo, las personas que dedicaron menos de dos horas por semana al networking no obtuvieron muchos beneficios. Este estudio demostró que cuanto más tiempo dedica una persona al networking, aumentará sus probabilidades de éxito.

Una de las cosas más emocionantes que surgieron de esta encuesta es que de los 12.000 participantes, los hombres pasaron más tiempo en redes que las mujeres, pero generaron un porcentaje menor de referencias de negocios que las mujeres. ¿Significa que las mujeres son mejores networkers?

Bueno, tal vez, y parece que hay una buena razón para esto.

A los hombres les gusta ser más formales y orientados a las transacciones cuando trabajan en red. Se conoce como "redes de corte directo", y no es tan eficaz como el tipo de redes que hacen las mujeres.

Si bien no es cierto en todos los casos, la mayoría de las veces a los hombres les encanta hablar primero de asuntos comerciales y personales. Por otro lado, las mujeres hacen lo contrario.

En la mayoría de los casos, cuando los hombres intentan centrarse en el primer enfoque de las relaciones, el enfoque parece forzado. Luego, debido a esa sensación incómoda, comienzan a hablar de negocios porque es algo fácil y seguro de lo que hablar.

Este estudio demostró que las mujeres tienden a ser mejores con charlas sencillas y personales sin parecer demasiado personales o forzadas. Cuando el enfoque es más natural y fácil, a las personas les gusta más y responden de manera amigable. Pero los hombres a menudo se ponen rígidos en esta etapa.

Lo siguiente se enfoca en cómo la "relación primero" es un factor significativo, y no importa si usted es hombre o mujer; todos podemos mejorar en eso.

Los participantes en el estudio que atribuyeron su éxito a través de la creación de redes sintieron que la mejor manera es construir una relación primero y luego concentrarse en el negocio.

Cuanto más se concentre en conocer a la otra persona y comprenderla emocionalmente, sin faltarle el respeto, mejores serán las posibilidades de establecer contactos.

La creación de redes o networking es la mejor manera de identificar propiedades de inversión adecuadas para la venta que no son conocidas por todos los inversionistas inmobiliarios. Algunos grupos de usuarios que puede conectar en red incluyen:

- **Network de inversionistas personales:** puede estar compuesto por propietarios que haya conocido que tengan propiedades de inversión o incluso un viejo amigo que trabaje como inversionista de propiedades para alquiler.

- **Clubes de inversión:** estos clubes son excelentes lugares para encontrar propiedades de alquiler. Por lo general, usted verá una lista de correo electrónico donde cada miembro del club promociona propiedades en venta. Si usted aún no se ha unido, debe hacerlo rápido.

- **Reuniones de inversionistas inmobiliarios:** estos son los grupos más accesibles para que una persona se una. Por ejemplo, Meetup.com es un excelente lugar para encontrar redes para inversionistas. Simplemente busque "inversión inmobiliaria", y aparecerán varios grupos. Asista a diferentes reuniones, obtenga los contactos relevantes y comience a hacer crecer su red.

- **Conocidos personales:** las personas que usted frecuenta en la industria de inversión de alquiler no son las únicas personas que pueden ayudarlo a encontrar ofertas de propiedades de inversión para alquiler. Incluso los amigos de la familia pueden ayudarlo a encontrar posibles propiedades de inversión a la venta. Estas personas pueden tener en sus redes conocidos que están pendientes de las grandes oportunidades de inversión de propiedades para alquiler.

¿Cómo convertirse en un mejor networker?

En la mayoría de los casos, puede resultarle difícil crear una relación mientras se encuentra en estos "eventos de networking". Al asistir a las reuniones de Business Networking International, las reuniones de las Cámaras de Comercio y los eventos del Rotary Club, usted aumenta sus posibilidades de conocer gente.

Sin embargo, la relación real se lleva a cabo cuando usted va más allá de la tarjeta y se acerca a la persona para invitarla a tomar un café, un desayuno o un almuerzo. De esta manera, su relación tiene la mejor oportunidad de pasar al siguiente nivel.

La confianza y la buena voluntad que se desarrolla al conocerlos a nivel individual es el "capital social" que mejora un tipo de relación comercial mutuamente gratificante.

Ahora, si usted cree que el networking no ha desempeñado un papel en el éxito de su negocio, es probable que esté haciendo mal una o ambas de las siguientes cosas:

- *Usted no le ha dedicado suficiente tiempo:* en general, más de seis horas por semana es un buen punto de partida.

- *No lo está haciendo correctamente:* eso significa que posiblemente va por el "negocio primero" en lugar de la "relación primero".

Asegúrese de que cada hora que pase sea una hora bien invertida, ya sea para conocer nuevos inversores inmobiliarios para una empresa conjunta, individuos de marketing en Internet, corredores de bienes raíces, inspectores de viviendas o prestamistas privados.

El networking debe ser parte de su estrategia de marketing

Tenga en cuenta que el networking es la forma en que hace crecer su negocio de inversión inmobiliaria, y todo comienza con la construcción de este tipo de relaciones a través del networking.

No lo considere una tarea que debe hacer. Solo piense en las redes como parte de su estrategia de marketing. Cuanto más tiempo le dedique, mejor será. Concéntrese en relacionarse en lugar de orientarse a los negocios.

A veces, los mejores contactos que conoce son aquellos con los que no habla sobre negocios hasta el final de la conversación cuando escucha, "Ah, por cierto, ¿qué es lo que haces?" Si usted ha llegado a esta etapa, donde tiene una relación fuerte y personal antes de hablar de negocios, entonces quizás esté en el camino correcto. Lo más probable es que surja una buena relación personal de la conversación, así como una relación comercial mutuamente útil.

Por lo tanto, dé el siguiente paso y busque oportunidades de trabajo en el networking de su área, como información de redes de la Cámara de Comercio, meetup.com, grupos BNI o reuniones locales de REIA. No necesita unirse a todas estas redes; inscríbase en unos pocos para empezar. Reserve un cierto porcentaje de su tiempo para asistir físicamente a estos eventos cada semana. Luego, una vez que llegue allí, concéntrese en ser personal y relacionarse, no con una mentalidad empresarial. Conozca a la mayoría de las personas; entonces luego puede hablar de negocios. Todos en estos grupos están allí por la misma razón, por lo que la conversación de negocios generalmente es natural. Es por eso que nunca debe forzarlo, sino permitir que se desarrolle solo.

Una vez que haya hecho esto, comenzará a ver algunas diferencias en su negocio de inversión inmobiliaria. Comenzará a crecer y no tuvo que pagarle a una empresa de marketing $ 50.000 para que lo haga por usted.

Dicho esto, es bueno dar a conocer sus intenciones a los miembros de su círculo íntimo. Deben saber que está buscando una propiedad para comprar. De esta manera, aumenta sus posibilidades de encontrar las mejores ofertas. Además, es posible que un compañero de trabajo este al tanto de alguien que quiera vender.

Encontrar propiedades de inversión a la venta Online

Desde la llegada de la tecnología, encontrar una propiedad inmobiliaria se ha vuelto más fácil. Varios sitios web en línea están diseñados para facilitar la identificación de propiedades en venta para inversores que desean alquilar. Estos sitios tienen diferentes recursos, como información del vecindario y registros sobre la propiedad.

Los sitios web más populares diseñados para ayudarlo a realizar una búsqueda de propiedades son Realtor.com y Craigslist:

• **Craigslist.org:** más de un millón de personas usan Craigslist para diferentes tareas y actividades, y buscar una propiedad en esta plataforma es sencillo. Primero, debe ir a la región del país que desea, y luego navegar en la sección "Propiedades inmobiliarias en venta" para averiguar si hay algún tipo de propiedad que le guste. Además, usted puede establecer sus criterios de búsqueda ingresando las palabras de búsqueda en el cuadro de búsqueda.

• **Realtor.com:** este sitio pertenece al sitio oficial de la Asociación Nacional de Agentes Inmobiliarios. Este sitio le otorga la capacidad de escanear a través de millones de propiedades de diferentes países. Si usted desea, puede navegar en búsqueda de las propiedades de ejecuciones hipotecarias. Una excelente característica de Realtor.com es que tiene una dirección de calle que se puede usar para limitar su búsqueda. Una vez más, puede registrarse para la opción "Asistente de búsqueda" para que pueda recibir una lista actualizada de las propiedades de alquiler. Los agentes inmobiliarios pueden ser muy útiles al buscar propiedades de inversión en venta de diferentes maneras:

▪ Los inversores inmobiliarios pueden contratar agentes inmobiliarios para obtener listados de propiedades que han visto en línea.

- Los inversores inmobiliarios pueden hablar con las oficinas inmobiliarias, especialmente las inmobiliarias, que se encuentran en ciudades específicas para conocer las posibles propiedades de inversión en venta.

- En ciertas oficinas, los agentes inmobiliarios no comercializarán algunos listados de propiedades en los Servicios de Listado Múltiple (MLS por sus siglas en inglés). En cambio, enviarán estos listados de propiedades a sus contactos. Por lo tanto, un inversionista inmobiliario debe estar en la base de datos del agente inmobiliario para mantenerse actualizado con las últimas noticias sobre propiedades de inversión.

Encontrar propiedades de inversión a la venta en medios impresos

Otro método eficiente utilizado para identificar propiedades de inversión son los medios impresos. Varias propiedades de inversión no se anuncian en línea. Esto significa que hay poca competencia para ellos, lo cual es bueno para un inversionista inmobiliario.

- *Periódicos:* Los periódicos pueden ser un medio excelente para usted si está buscando propiedades que sean vendidas por sus propios dueños.

- *Publicaciones locales:* Las propiedades o inmuebles pueden ser encontrados en estos medios pues a las oficinas de bienes raíces les gusta promocionar sus listados de propiedades en tales publicaciones.

Encontrar propiedades a la venta para invertir a través de subastas

Últimamente, las subastas de bienes raíces se han vuelto populares, especialmente para los inversionistas de propiedades para alquiler que buscan una ganga. Los inversionistas inmobiliarios experimentados a menudo encuentran propiedades en venta utilizando este método, y tengan en cuenta que la tecnología ha hecho que todo sea más fácil y agradable para los nuevos inversionistas.

Aunque usted puede obtener diferentes tipos de propiedades de inversión para alquiler en una subasta, la mayoría son ejecuciones hipotecarias. Las subastas comprenden dos categorías: en línea y en vivo. El método en línea se está volviendo cada vez más popular a medida que los inversionistas inmobiliarios se sienten seguros al realizar compras en línea. Un inversionista inmobiliario puede buscar propiedades en venta en sitios web de subastas como Auction.com.

Encontrar propiedades a la venta a través de MLS

El Servicio de Listado Múltiple (MLS por sus siglas en inglés) es utilizado principalmente por un grupo específico de inversionistas de propiedades para alquiler. La función principal es permitir que el inversor acceda a información precisa y organizada sobre propiedades de inversión.

Durante bastante tiempo, esta ha sido la fuente de las transacciones de propiedades de inversión para alquiler. La razón es que tiene una exposición importante para los corredores vendedores y ofrece muchas opciones diferentes a los corredores compradores.

Además de esto, el listado de la base de datos de MLS es uno de los más precisos en Internet. Dado que es libre de acceder a la información en su base de datos, existe una gran competencia, si elige usarla.

Independientemente de la elección que haga, recuerde siempre que el proceso de compra de una propiedad de inversión puede ser un desafío. A pesar de esto, es aconsejable conocer las diferentes fuentes en las que puede encontrar propiedades de inversión inmobiliaria. ¿Por qué? Porque la próxima negociación o acuerdo puede surgir de cualquier lugar.

Factores a los que debe prestar atención al comprar una propiedad de inversión para alquiler

Si bien es posible generar ingresos a partir de la inversión inmobiliaria, es mucho más que comprar la primera casa. Tenga en cuenta que los programas de televisión sobre la inversión en propiedades de alquiler pintan una realidad que está lejos de lo que sucede en la vida real. Si usted está considerando comprar una propiedad de inversión de alquiler, asegúrese de tener en cuenta estos factores:

1. El estado de la casa

No hay ningún problema con la elección de comprar una casa que necesita reparaciones, pero usted debe ser realista sobre el dinero y el tiempo que dedicará para que se vea hermosa.

Una vez que reciba un informe de inspección detallado de un profesional certificado, debe preguntarse la cantidad de reparaciones que puede hacer usted mismo y contar la cantidad de reparaciones que pueden requerir contratistas externos. Busque presupuestos para cualquier gran tarea que necesite realizar.

Deberá confirmar que los problemas críticos estén solucionados antes de que alguien entre, teniendo en cuenta que nadie querrá vivir en una casa insegura. Además, puede tener graves consecuencias si los inquilinos enferman o se lastiman.

Determine el tiempo que pueden tardar las reparaciones. Por ejemplo, si la casa necesita permanecer vacante durante algunos meses, puede que esta no sea la propiedad correcta que elegir.

2. Siga la regla del 1%

Los inversionistas tienen sus principios que les guían sobre cómo utilizar los beneficios, pero muchos de ellos le dirán que el beneficio que usted obtiene tiene que respetar la regla del 1%.

Por ejemplo, cuando usted compra una casa por 100.000 dólares, tendría que generar 1.000 dólares cada mes. Se llega a esta cantidad haciendo un simple cálculo:

Tome la renta mensual estimada y divídala por el precio de la casa.

($1.000/$100.000=1%).

Solo se recomienda comprar una casa que no cumpla con la regla del 1% si la propiedad está ubicada en un vecindario que está cambiando rápidamente el valor de los alquileres y donde se espera que las casas aumenten en el corto plazo.

3. Costo de seguros

Si usted no tiene cuidado, el seguro puede consumir todas sus ganancias, y es por eso que necesita hacer una investigación exhaustiva. Primero, debe elegir el tipo de cobertura para su propiedad de inversión. Decida si le gustaría pagar un poco cada mes, pero recibir una gran parte cuando haga un reclamo, y si va a cubrir a sus inquilinos o no.

Luego, decida si el área en la que está interesado tiene primas de seguro altas como resultado de su vulnerabilidad a los tornados, terremotos, inundaciones y otros desastres naturales. Si es así, es posible que la casa no valga la pena.

Cuando usted crea que está listo, compare las diferentes tarifas.

4. Impuestos sobre la propiedad

Si usted planea comprar una propiedad de inversión, entonces siempre debe considerar los impuestos sobre la propiedad. Si tiene un impuesto alto, se dará cuenta de que los impuestos consumirán la mayor parte de sus ganancias. Sin embargo, si tiene que pagar impuestos bajos, por lo menos usted obtendrá una cantidad significativa de las ganancias que genere.

Una cosa que siempre debe recordar es que los impuestos sobre la propiedad son más altos en las regiones metropolitanas y más bajos en los lugares rurales. Los cargos diferirán dependiendo del área; por eso debe solicitar a un profesional de impuestos locales que le ayude a entender la tasa de impuestos.

5. Vecindario

Así como la condición de la casa es esencial, la ubicación también tiene la misma importancia. Hay que elegir un área con sabiduría y asegurarse de que es un área que el inquilino disfrutará.

Lo más importante es la seguridad. Asegúrese de que el índice de criminalidad no sea demasiado alto. El atractivo del barrio es otro factor importante porque muchos inquilinos quieren vivir en una calle que tenga casas bien pintadas.

Si usted está considerando alquilar su propiedad a una familia, es posible que tenga que buscar lugares que estén cerca de un distrito escolar. Los padres estarán más dispuestos a alquilar propiedades que estén cerca de escuelas secundarias y universidades. La compra de una casa cerca de una universidad es una gran manera de pertenecer a un mercado de alquiler fuerte.

6. Costos inesperados

Aunque el objetivo principal de la compra de una propiedad de inversión es generar ingresos, usted debe estar preparado para gastos inesperados. Como resultado, usted necesita tener una cifra aproximada del costo de reemplazo de todas las partes principales de la casa; esto debe incluir el sistema de climatización HVAC, el techo y otros elementos. Reserve una cantidad razonable de dinero en efectivo como medida de contingencia. Siempre tenga este dinero disponible, ya sea en una cuenta de ahorros o a través de una tarjeta de crédito. Nunca se sabe cuándo puede ocurrir una emergencia.

7. Administración de la propiedad

No es fácil ser propietario, por lo que usted debe preguntarse si está dispuesto a levantarse tan temprano como a las tres de la mañana para ir a atender una emergencia en su propiedad.

La mayoría de los inversionistas, prefieren dejar que una compañía de administración de propiedades se encargue de todo. La mayoría de estas compañías reciben un pago del 10% de la renta mensual.

Algunos propietarios no tienen problemas con la cuota de administración porque la encuentran razonable; otros deciden ahorrar el dinero y arreglar los problemas por sí mismos. Esta decisión es suya, pero debe tener cuidado, ya que el resultado puede ser crítico.

Capítulo 3: ¿Cómo administrar su propiedad de alquiler?

¿Cómo agregar valor a su propiedad de alquiler?

Como inversionista de propiedades para alquiler, usted debe reducir los costos para que pueda hacer dinero sustancial de sus propiedades. Sin embargo, limitar sus gastos hasta el punto de que sus alquileres no sean propicios para que los inquilinos se queden en ellos no es algo bueno.

Típicamente, el objetivo de la inversión de alquiler es agregar valor. Usted debe tratar de que el valor de su propiedad se duplique desde el momento en que la compró. Hay diferentes métodos que añadirán valor, así como renovaciones costosas y avanzadas que se pueden hacer:

1. Cambie la apariencia del frente de su propiedad

Se dice que la gente crea una percepción de otra persona en siete segundos. Esto significa que no es necesario dedicar mucho tiempo a desarrollar una primera impresión. Lo mismo se aplica cuando se evalúan los alquileres. Por esa razón, es importante hacer mejoras simples, como cortar el césped, reemplazar el buzón, pintar la puerta de entrada y recortar los arbustos largos de los setos. Al hacer estos cambios en su propiedad de alquiler, usted aumenta las posibilidades de que un inquilino se mude a ella, y esto hará aumentar sus ingresos.

2. Confirme que el inmueble está bien iluminado y huele bien para mostrarlo

Es de sentido común limpiar un inmueble antes de mostrarlo. Sin embargo, una vez más, usted necesita asegurarse de que las luces estén encendidas y las persianas abiertas, para garantizar que la unidad esté bien iluminada cuando un posible inquilino venga a verla. Recuerde que los cuartos oscuros son menos acogedores.

También eche ambientador para hacer que las habitaciones huelan bien. El sentido del olfato está altamente asociado con la memoria; esto significa que, si la propiedad huele bien, permanecerá en la memoria del inquilino.

3. No se centre solo en mostrar la propiedad sino en venderla también

Si usted piensa que solo va a abrir la puerta y el candidato se interesará en su propiedad, entonces lo está haciendo mal. Hay tres estrategias que usted puede usar para hacer que el posible inquilino alquile su propiedad:

- Construir una relación
- Aplicar anclaje
- Emplee reciprocidad

Si usted va a mostrar su propiedad, debería usar al menos las dos primeras estrategias. Para construir una relación es necesario que usted sea amigable e interactúe con sus candidatos libremente. Muestre un interés genuino en su potencial inquilino. Hágales preguntas y disfrute de algunos momentos con ellos. A medida que vende su propiedad, asegúrese de no sobrevenderla. La gente siempre quiere alquilar una propiedad de gente que le gusta.

Cuando se trata de anclar, la gente prefiere un valor específico para una cantidad desconocida antes de poder aproximarse a la cantidad. Esto significa que, si usted le va a decir a su inquilino que la casa es de 120 metros cuadrados, usted habría anclado en su mente que la casa es de aproximadamente 120 metros cuadrados. Por lo tanto, si les pide que digan lo que creen que mide la casa, tal vez mencionen el valor en el rango entre 102 y 130 metros cuadrados. Por otro lado, si usted dice que la casa tiene alrededor de 84 metros cuadrados, entonces se formarán la idea de que la casa es demasiado pequeña. En otras palabras, su respuesta variará dependiendo de lo que usted ancle.

Sin embargo, hay veces en que las anclas pueden ser cualitativas. Así que usted puede decidir decir cosas como, "me encanta esta casa" o "la cocina de esta casa es hermosa" antes de entrar con su candidato. Por último, en algunas situaciones, especialmente en los mercados calientes, puede utilizar la regla de la reciprocidad. Según esta regla, la gente siempre se sentirá obligada a devolver invitaciones, regalos y favores. Psicológicamente, esto funcionará cuando la gente quiera alquilarle si hace algo bueno por ellos.

Esto puede hacer que usted se muestre manipulador, pero no espere persuadir a alguien para que alquile su propiedad si usted le ofrece cinco dólares. Si tiene una propiedad fantástica, la regla de reciprocidad pondrá la suya a un lado de sus competidores. Este tipo de descuento en su campaña publicitaria puede generar aún más tráfico hacia sus propiedades.

4. No empiece con un precio bajo

El principio básico de los alquileres de apartamentos es que, si el índice de ocupación es escaso, no se puede aumentar el alquiler. Sin embargo, en el caso de las casas, es diferente porque es difícil saber para qué se debe alquilar un lugar, aunque puede hacerse una idea en RentRange, Zillow y Craigslist.

Un buen consejo es considerar el alquiler de una casa desde el punto de vista de que puede reparar una propiedad que tiene un precio alto, pero es difícil arreglar una que tiene un precio demasiado bajo. ¿Por qué? Si usted bajó el alquiler de una propiedad, entonces usted tendrá que seguir con esa cifra. Sin embargo, cuando usted fija el precio demasiado alto, entonces fácilmente se dará cuenta de que es demasiado caro porque nadie quiere alquilarlo. De ese modo, podrá hacer rápidamente algunos cambios reduciendo el precio. Por lo tanto, debe comenzar por arriba si cree que puede conseguir futuros inquilinos.

Cada día que pasa con una unidad todavía en el mercado significa que usted está perdiendo el alquiler. Y cuando la propiedad pasa mucho tiempo vacía, o es en la temporada de invierno, y menos gente está buscando un alquiler, usted necesita ser más agresivo. Pero en la mayoría de los casos, se aconseja comenzar con un rango más alto.

5. Añada una lavadora y una secadora

Los electrodomésticos son una pequeña inversión, por lo que podría parecer que no vale la pena el dinero para comprar una lavadora y una secadora nueva para su propiedad de alquiler. Pero conseguir una de Craigslist, o de un proveedor diferente puede reducir el costo. Lo más importante es que los inquilinos estén interesados en un nivel específico de conveniencia en el espacio de la vivienda, y que estén dispuestos a pagar un buen dinero para conseguirlo. Usted puede aumentar el precio de la renta en $80 por mes con solo agregar una lavadora y una secadora. Si aplica el mismo enfoque, puede pagar su inversión, incluso si es una máquina nueva, en solo un año. Después de esto, usted estará ganando el dinero extra.

6. Cambie el exterior

Si toda la atención se concentra en el interior de la casa, pero sin ningún atractivo exterior, los posibles compradores no querrán alquilar o incluso entrar para ver el trabajo que usted ha hecho. No es necesario pagar mucho dinero por repintar una casa para hacerla atractiva. Incluso algo simple como el lavado a presión de la entrada, el exterior de la propiedad, la acera y otras áreas de aspecto sucio puede cambiar la mente de sus futuros inquilinos.

Considere la posibilidad de rediseñar la puerta principal si desea un proyecto rápido para aumentar el atractivo exterior. Si tiene una puerta robusta, haga arreglos para repintarla y añadir algunos detalles, como una placa de protección. Si reemplaza la puerta vieja, mejorará el valor de la propiedad mientras cambia el atractivo exterior.

7. Elimine el piso alfombrado

A los futuros inquilinos les disgustan las alfombras, lo que puede ser una desventaja para su alquiler. Además, este tipo de piso dificulta la eliminación de manchas y olores; en otras palabras, es posible que tenga que contratar a una empresa profesional para que lo limpie por usted.

Para evitar esta tensión financiera a largo plazo, invierta en un piso universal. Puede ser de un color más claro que no revele rayones y mellas fácilmente. Puede costar miles de dólares en opciones de alta calidad; sin embargo, también hay opciones rentables, como el bambú, que tienen la misma apariencia y durabilidad.

Opciones básicas de arrendamiento con opción a compra

A finales de los años setenta y ochenta, las opciones de arrendamiento con opción a compra se convirtieron en un instrumento de financiación común. Se utilizaron como un medio para superar las cláusulas de alienación incluidas en la hipoteca. Sin embargo, también tienen otras ventajas. Los proponentes sugirieron que no se trataba de una venta, ya que no era un arrendamiento, pero el argumento de los tribunales ha sido diferente.

Hay tres tipos diferentes de opciones de arrendamiento y acuerdos de arrendamiento con opción de compra. Los documentos son similares, pero diferentes en los detalles más excepcionales. La diferencia se debe al aspecto específico del estado y a las diversas leyes de cada estado. Es prudente consultar con un abogado de inversión en propiedades de alquiler antes de llegar a un acuerdo con un vendedor.

Opción

En este caso, se supone que el comprador debe pagar al vendedor la opción en efectivo por el derecho de utilizar la propiedad más tarde cuando suscriba el acuerdo de opción. Esta opción en particular puede ser sustancial, o incluso tan poco como $1.

Tanto el vendedor como el comprador acuerdan el precio de compra durante este tiempo, o el comprador puede aceptar pagar el valor del mercado durante el tiempo en que se lleva a cabo la opción. Aunque esto es negociable, la mayoría de los compradores quieren asegurarse el precio de compra futuro al inicio.

También se discute el plazo del acuerdo de opción, pero el más común es entre uno y tres años.

El dinero de la opción no es reembolsable fácilmente, y nadie quiere comprar la propiedad durante el tiempo de la opción; aunque el comprador puede vender la opción a otra persona.

El comprador no está obligado a comprar la propiedad. Esto significa que, si el comprador no aplica la opción y compra la propiedad hacia el final de la opción, la opción generalmente expirará.

Opción de arrendamiento

Una opción de arrendamiento tiende a funcionar de la misma manera. El comprador potencial pagará al vendedor en efectivo por el derecho para comprar la propiedad más tarde. Una opción de arrendamiento proporciona al comprador potencial más flexibilidad que un arrendamiento con opción a compra, que requiere que el inquilino compre la propiedad al final del período de alquiler.

El dueño de la propiedad puede decidir cobrarle al inquilino una prima por la opción de compra de la propiedad, tal vez en forma de pagos de alquiler más altos. Puede ser un pago único en efectivo que se asemeja a la prima pagada por una opción en los mercados financieros. Esto no es un depósito en la compra de la propiedad por lo que no es reembolsable. La cantidad varía desde de 100 dólares hasta el 5% del precio de compra esperado.

En el acuerdo, el dueño de la propiedad puede elegir aplicar parte de la tarifa de alquiler más alta hacia el precio de compra si el inquilino implementa la opción.

La duración de la opción puede ser cualquier período en el que el dueño de la propiedad y el comprador potencial estén de acuerdo, pero generalmente es de 1 a 3 años. El contrato de opción de arrendamiento también puede definir el precio de compra de la propiedad al comienzo del arrendamiento.

Alquiler con opción a compra

Esta es otra variación del mismo tema con algunos pequeños cambios. El comprador pagará la opción del vendedor en efectivo con la opción de comprar la propiedad más tarde. Entonces tanto el comprador como el vendedor llegan a un acuerdo sobre el precio de compra; normalmente, más alto que el del mercado actual.

Durante el tiempo de la opción, un comprador puede aceptar arrendar al vendedor por un cierto precio. Los términos del arrendamiento con opción de compra pueden ser negociados, pero el más común es de uno a dos años.

El comprador busca financiación del banco y paga al vendedor la cantidad total cuando termina el plazo. El dinero de la opción puede no funcionar para el pago inicial, pero un monto mensual específico del pago de arrendamiento se canaliza al precio de compra. El monto mensual del arrendamiento es mayormente más alto que el valor justo de la renta en el mercado por la misma razón.

Recuerde que el dinero de la opción no es reembolsable. Como resultado, es imposible que alguien más compre la propiedad a menos que el comprador no lo haga. Típicamente, es difícil para el comprador decidir sobre el alquiler con opción a compra sin la aprobación del vendedor.

Generalmente, los compradores tienen la responsabilidad de mantener la propiedad y pagar todos los gastos durante el período de mantenimiento. Puede incluir los impuestos y el seguro, y solo están obligados a comprar la propiedad.

Uso de un contrato de arrendamiento para comprar una propiedad

Un contrato de arrendamiento con opción a compra se refiere al acuerdo entre el propietario y el inquilino que proporciona al inquilino la opción de comprar la propiedad en un momento determinado en el futuro. La naturaleza de esta transacción de bienes raíces puede cambiar porque todos los términos de un contrato de arrendamiento con opción a compra están abiertos a la negociación. Por ejemplo, puede o no comprender el precio establecido. Pero cuando lo hace, el costo puede ser el valor apreciado de la propiedad durante el tiempo de la compra.

Pagos de arrendamiento y compra

En general, el vendedor querrá que el inquilino pague una cantidad no reembolsable por adelantado para "comprar" la opción de compra de la propiedad. Se suele denominar pago de "opción" y puede ser cualquier cifra. Esto "cierra" la opción de compra del inquilino, incluso cuando el propietario decide cambiar de opinión.

Junto con el precio de compra, el término de un contrato de arrendamiento define el monto del pago inicial y el calendario. Las partes pueden entonces llegar a un acuerdo con respecto a una parte del alquiler que se destina para el pago inicial. Eso significaría entonces un aumento de la renta cada mes. Sin embargo, algunos compradores pueden considerarlo como un medio de ahorro forzado para el pago de la inicial.

Beneficios del arrendamiento con opción a compra para los inquilinos

Existen diferentes ventajas cuando una persona decide arrendar una propiedad con la opción de comprarla más tarde. A continuación, se presentan las razones por las que una persona puede decidir alquilar una casa:

• Quieren tener tiempo para solucionar problemas de crédito y que les permita buscar una hipoteca tradicional.

• Quieren tiempo para ahorrar para el pago inicial y actualmente no quieren perder la casa.

• Han invertido significativamente en la propiedad a través de reparaciones y mejoras. Típicamente, el valor de este trabajo puede destinarse al pago inicial y contra el precio de compra

Las ventajas del arrendamiento con opción a compra para los vendedores

El arrendamiento con opción a compra también puede beneficiar a los propietarios de un inmueble para alquiler:

• El plan de pago por adelantado puede aumentar el rendimiento de la inversión, y es el propietario quien se queda con ella, aunque el inquilino no compre la vivienda.

• El propietario puede obtener un precio razonable por la casa con antelación.

• Al proporcionar un arrendamiento con opción de compra, puede atraer a los inquilinos que están interesados en la ocupación a largo plazo.

• Cuando un inquilino planea ser dueño de una casa, puede estar dispuesto a mantenerla en buenas condiciones durante todo el período del contrato de arrendamiento.

El resultado final es que, si usted es dueño de una propiedad que no se está vendiendo y debe reubicarse, o es un inversionista de bienes raíces con diferentes propiedades, la firma de un contrato de arrendamiento con opción a compra puede ser la mejor opción para cerrar una venta y un gran precio para su propiedad. Si no tiene una casa o tiene problemas de crédito, un contrato de arrendamiento con opción de compra puede funcionar para usted también como inquilino.

Independientemente del lado en el que se encuentre usted, el acuerdo de arrendamiento con opción de compra, puede ser un beneficio para ambos. Sin embargo, debido a que todas las características del acuerdo privado están a disposición de cada una de las partes, debe prestar atención a sus intereses y necesidades cuando negocie los términos.

Consejos de marketing para promocionar rápidamente su propiedad de alquiler

Una propiedad de alquiler vacía genera pérdidas, especialmente cuando se tiene una hipoteca y no se han conseguido inquilinos; en unos pocos meses, esto puede resultar en una pérdida financiera importante. Para reducir el tiempo que su propiedad permanece vacía, necesita tener un plan de marketing efectivo. Su objetivo es atraer a inquilinos buenos y a largo plazo. En un mercado con muchas vacantes y una fuerte competencia, es vital que su propiedad se destaque de la mejor manera posible. La promoción de su negocio inmobiliario es una tarea esencial, y no se puede permitir perder tiempo. La inversión en propiedades de alquiler es un "negocio de personas". Esto significa que usted debe estar listo para comunicarse, conectarse y construir una relación con la gente. La mayoría de estas interacciones dependen de la forma en que decida comercializar sus propiedades.

Tal vez usted ha estado siguiendo cada uno de los consejos y los pasos dados por inversores experimentados sobre cómo atraer a los inquilinos, pero por alguna razón, ninguno de sus esfuerzos ha tenido éxito. Si está decepcionado con su alquiler, aquí tiene algunos consejos que puede aplicar para sacar al mercado su propiedad de inversión de alquiler y comenzar a generar buenos rendimientos:

Fotos de calidad

Se dice que una imagen vale más que mil palabras. En el caso de la inversión en propiedades de alquiler, se puede decir que una foto vale unos miles de dólares. En esta era moderna, usted debe crear fotografías llamativas de su propiedad inmobiliaria para captar el interés de los clientes potenciales. Ya sea que quiera subir las fotografías en línea o en una publicación, debe asegurarse de que sus fotos sean de calidad y profesionales.

Cuando usted tiene fotos de calidad de su propiedad de alquiler, animará a la gente a quedarse un poco más en su propiedad. Aunque no busque los servicios de un fotógrafo, hay algunas formas excelentes de pulir las fotos. Considere lo siguiente:

• **La foto del exterior es la más importante:** La primera foto es siempre el lado exterior de su propiedad. Esta foto es famosa porque puede atraer la atención o ahuyentar a los clientes potenciales. Tenga en cuenta que la primera impresión es crucial. Para que esta foto se vea elegante, debe tomarla después de la puesta de sol, media hora antes de que se ponga el sol, o temprano en la mañana. Las fotos del crepúsculo pueden salir con las luces exteriores encendidas. Una excelente foto exterior debe ser el gancho que capture la vista de los clientes potenciales.

• **Tome las fotos derechas:** Busque un trípode. Usando una lente grande angular apoyada en un trípode y una gran cámara réflex hará que su fotografía sea recta. No use cámaras de teléfonos inteligentes porque no son lo suficientemente amplias para ocupar espacios más pequeños, y hará que su área parezca estrecha. En la mayoría de las ocasiones, necesitará un gran objetivo angular de unos 28 mm. Un trípode de viaje se asegurará de que tome fotografías rectas. Solo unas pocas personas pasarán el tiempo mirando una foto de una propiedad que parece que se está hundiendo en la tierra. Si usted no puede conseguir un trípode, asegúrese de encontrar un nivel de burbuja y úselo para mantener la forma de tus fotos.

- **Descarte el flash:** En su lugar, permita que la luz natural brille y mantenga el entorno del espacio. Tomar fotos con el flash puede sobreexponer la propiedad, y esto tiende a hacer su propiedad poco atractiva y a malinterpretar la profundidad. Además, el flash puede crear defectos visuales.

- **Elija las fotos que quiere mostrar:** Los estudios han revelado que los cazadores de alquiler en línea pasan alrededor del 60% de su tiempo en un listado solo mirando las fotografías. Es por eso que no puede permitirse el lujo de usar fotos aburridas para anunciar su propiedad. En caso de que contrate a un fotógrafo para que tome sus fotos, asegúrese de saber el tipo de fotografías que no quiere usar, y la mejor manera de usar las fotografías para llamar la atención de los inquilinos. Es vital que sus fotos transmitan el mensaje de que le importa la presentación y la propiedad. Recuerde que las fotos no solo hablan de su propiedad, sino que también muestran que le importa. La reputación que se construya debe ser la de una persona profesional y cuidadosa.

Lista completa

Si hay algo que usted debe evitar, es hacer que sus posibles inquilinos tengan dificultades para identificar los detalles de su propiedad. La mayoría de las personas que buscan alquileres hoy en día recurren a plataformas en línea y quieren hacer comparaciones rápidas. Si usted no tiene claro cosas como las comodidades y las políticas de mascotas, esto ahuyentará a la gente. La gente quiere saber mucho sobre la propiedad antes de mudarse o incluso comprometerse a rastrearla. Se aconseja ser lo más específico posible y evitar el uso de un lenguaje florido, que no funciona bien en las plataformas de alquiler en línea. En su lugar, concéntrese en su mensaje de calidad y excelente servicio. Si quiere ofrecer una propiedad de calidad y un servicio agradable, entonces dígaselo, pero evite todo el lenguaje florido que describe la belleza y la calma del lugar. Los inquilinos están interesados en saber lo que van a recibir y quieren muchas opciones diferentes para elegir.

Publicidad inteligente en internet

En estos tiempos, será difícil que usted atraiga la atención de la gente si no se mantiene al día con los cambios en el sector de Internet y la publicidad. Si usted planea anunciar su propiedad en un sitio web, asegúrese de que los anuncios estén bien sincronizados. Los estudios indican que los anuncios puestos los viernes reciben más visitas, y las casas se venden más rápido que las puestas los otros días. Lo mismo puede aplicarse a los alquileres. No tenga miedo de poner su anuncio más de una vez.

Hay muchos métodos para la comercialización de propiedades en línea además de solo poner un anuncio. Puede, por ejemplo, grabar y poner un video de su propiedad en alquiler en YouTube, permitiendo a otros potenciales inquilinos ver e interesarse en su propiedad desde la comodidad de sus hogares.

Al tomarse el tiempo para promocionar su propiedad, usted influirá sobre la inversión total. Puede cambiar toda la impresión, lo que lleva a más inquilinos y a una empresa rentable.

Aprenda más a cerca de los datos demográficos

Cuando usted se dirige a un tipo particular de familia o individuo para alquilar su propiedad, es necesario tenerlo en cuenta en todas sus estrategias publicitarias. Si va a dirigirse a familias con niños, por ejemplo, construya en su propiedad servicios que atraigan a los niños y destaque éstos cuando escriba una descripción sobre su propiedad de alquiler. El mismo nivel de consideración debe ser aplicado a cada audiencia. Si se dirige a personas mayores, entonces necesita identificar las cosas que le gustan a las personas mayores en una propiedad y resaltar esos aspectos en su descripción. Promueva su propiedad en lugares de recreación y centros de entrenamiento locales (donde las familias probablemente la vean), y coloque anuncios en tiendas de comestibles y guarderías locales alrededor de su propiedad.

Encuentre una señalización elegante

Busque un verdadero cartel de "Se Alquila". Aunque hay algunos carteles que puede conseguir en la ferretería, la mayoría son comunes y no únicos. Solo recuerde que el mercado inmobiliario es competitivo, y necesita diferenciarse del resto, y esto incluye su señalización. Usted puede hacer un pedido de carteles personalizados y baratos en Internet en lugares como buildasign.com. Añada algunos detalles rápidos e importantes como el alquiler mensual, el número de dormitorios y si los servicios están disponibles o no. No olvide incluir un número de contacto y una dirección de correo electrónico. Cuando coloque un cartel para que el mundo lo vea, asegúrese de que esté cerca de la calle. Si usted quiere ir por todas, puede gastarse más dólares y colocar algunos carteles en el patio.

Open house

Open house o casa abierta puede ser otra estrategia para ganar exposición para su propiedad. Las casas abiertas no causan el mismo estrés en los espectadores que el causado por el programa oficial. Normalmente, captarán la atención de los curiosos. Permita que los transeúntes miren dentro de su propiedad abriendo las persianas y permitiendo a los usuarios echar un vistazo. Además, si tiene varias propiedades para alquilar, puede crear folletos para que los inquilinos vean todo lo que tiene. Independientemente de la propiedad que alquile, el propósito de una casa abierta es llamar la atención sobre su propiedad.

Use el poder del networking

Aproveche las redes sociales para correr la voz. Facebook y Twitter son excelentes plataformas para comunicarse con sus amigos que pueden no estar al tanto de su propiedad.

Piense en cómo puede anunciarse en el vecindario, como crear y enviar postales para comercializar su propiedad en el vecindario. Es probable que las personas que viven cerca conozcan a alguien que está buscando una casa para alquilar. Si usted endulza un poco el trato, usando algo como una tarjeta de regalo, lo más probable es que no espere mucho antes de que la gente se mude.

La comercialización de una propiedad de alquiler requiere que planifique bien, esté listo para probar cosas nuevas y nunca piense que está por encima de intentar algunas cosas. A veces, necesita salir de su zona de confort para que las cosas sucedan.

Secretos para mantener la rentabilidad de la propiedad de alquiler

1. Establezca un presupuesto y controle los gastos

Puede sorprenderle que necesite gastar algo de dinero para mantener su cartera de alquileres. Aparte de eso, algunos propietarios no estiman cuáles pueden ser sus gastos para el año en curso. Si usted es uno de ellos, o si no planea sus gastos, cada costo que ocurra lo sorprenderá.

Sin embargo, al crear un presupuesto, puede estimar la cantidad de dinero que gastará y cuánto recibirá. Además, si usted planea incluir inversionistas en su negocio, es esencial tener una gran proyección financiera.

No es difícil crear un presupuesto. Si ha tenido la propiedad por más de un año, todo lo que necesita hacer es revisar sus registros de pago. Si tiene un software de contabilidad, esto es tan simple como hacer clic para obtener un informe. Si ese no es el caso, escanee su año anterior y organice todo en una hoja de cálculo. Supongamos que, si no han surgido grandes gastos, puede estimar que lo que pagará en gastos será lo mismo que el año anterior.

2. Reserve algo de capital

Las mejoras en el capital pueden ayudar a agregar valor a su alquiler. Según la contabilidad, las mejoras de capital no son un gasto de un año como los gastos de servicios públicos. Estos se han capitalizado en el valor del edificio.

Los ejemplos incluyen el reemplazo del techo y nuevos hornos. También puede incluir renovaciones significativas, ventanas, electrodomésticos nuevos y ventanas si aumentan el valor de la propiedad. Si no reserva algunos dólares para cubrir estas cosas, cuando surjan, puede terminar alcanzando su presupuesto cuando el horno requiera algún reemplazo.

3. Organice el mantenimiento preventivo

Algunos propietarios esperan que ocurra un problema antes de enviar a una persona para que realice una reparación. Esto puede ser costoso, ya que el inquilino puede dejar de notificarle un problema hasta que empeore. Las cosas pequeñas pueden convertirse en cosas grandes, y es difícil esperar a que un inquilino decida cuándo debe realizar algún mantenimiento en su propiedad de inversión.

Las reparaciones preventivas son vitales porque ayudan a solucionar un problema antes de que se intensifique y se convierta en un gasto importante. El problema del grifo que gotea en el baño puede empeorarse si el inquilino no se molesta en decírselo a usted. El detector de humo con una batería descargada no es seguro para el inquilino y se convierte en una responsabilidad. La canaleta rota, si no se repara temprano, provocará una fuga de agua en su techo. Y la lista sigue y sigue... Usted puede elegir reparar estas pequeñas cosas en un tiempo razonable en lugar de arreglarlas cuando se salgan de control.

La reducción de gastos es un método que el propietario puede usar para limitar los gastos generales del edificio, principalmente mediante la reducción de los gastos de servicios públicos en un apartamento multifamiliar.

Cómo crear un modelo de negocios de inversión inmobiliaria

Casi todos los que obtienen buenos resultados en música, negocios, carrera, deportes y otras áreas de la vida comenzaron con un plan sólido. Incluso si ese plan es algo así como: "Creo que puedo comprar este dispositivo por $ 100 y venderlo por $ 130", eso sigue siendo una declaración de lo que puede hacer el negocio y cómo generará ganancias.

Sin embargo, la mayoría, especialmente los posibles inversionistas inmobiliarios, comienzan sin un plan básico. Por lo general, las personas no tienen más que una idea vaga: "Los precios de las propiedades suben, por lo que es una gran inversión" o "Muchas personas ricas tienden a poseer propiedades".

Usted puede pensar que pasar todo el día planificando es perder el tiempo, en lugar de salir y buscar propiedades y, por lo tanto, comenzar a ganar dinero, pero los inversionistas profesionales de bienes raíces le dirán que cada negocio que cumple con su objetivo tiene un plan sólido.

En otras palabras, casi todos los que no comienzan con un plan se frustran pues no terminan como esperaban. No importa cuánto dinero, esfuerzo y tiempo invierta en su negocio, sin un plan, usted no puede llegar lejos.

¿Cómo es un modelo de negocios de inversión inmobiliaria?

El plan de negocios no necesita tener 100 páginas de proyecciones y gráficos hermosos. Los inversionistas exitosos tienen un plan resumido que puede caber en el reverso de una ficha. Eso significa que usted puede memorizarlo rápidamente y usarlo para implementar cada decisión que tome.

Pero antes de obtener ese plan simple, es posible que usted deba realizar una intensa lluvia de ideas y pensamientos.

No parece fácil, pero al menos es simple. Su plan necesita abordar lo siguiente:

- Su estado actual.

- A donde quiere llegar (su objetivo).

- Las acciones que tomará para reducir la brecha.

Su situación actual

Es imposible planificar un viaje si no sabe por dónde va a comenzar.

Descubrir su punto de partida es lo más simple porque incluye información que ya conoce o que conoce fácilmente. Debe ser claro acerca de:

- La cantidad de dinero que usted necesita invertir.

- La cantidad de dinero procedente de sus ahorros que usted asignará a la propiedad de inversión en los próximos años.

- La cantidad de tiempo que usted invertirá cada semana o mes.

- El conocimiento y las habilidades que usted puede aplicar en su negocio inmobiliario.

Saber la cantidad de dinero que usted puede invertir debería ser fácil, pero es vital hablar con un agente hipotecario para confirmar que tiene opciones de préstamo. Esto es importante porque definirá el monto total de su inversión. Un corredor también puede informarle sobre las opciones que tiene para obtener capital con la garantía de su propia casa, si eso es algo que le gustaría considerar.

También es bueno considerar el "fondo de emergencia" que debe tener en efectivo y deducir de sus fondos de inversión. Se recomienda tener al menos seis meses de gastos en el banco para utilizarlos en cualquier momento de ser necesario. Lo peor que usted puede hacer es destinar todo su dinero a las inversiones.

¿Dónde quiere llegar?

Hasta ahora, usted sabe dónde comenzará, pero ¿a dónde quiere llegar? Esta es otra forma de pedirle que defina su objetivo.

Por supuesto, usted quiere ser "rico" o "construir un futuro"; sin embargo, ¿qué significa eso para usted?

Y lo más importante, ¿cuándo quiere lograr esto?

Es posible que se sorprenda al saber cuánto esfuerzo y energía implica responder a estas preguntas correctamente. Es fácil decir cosas como "Suficiente para financiar mi estilo de vida" y asumir que podría ser un ingreso de $ 10.000 por mes, pero es algo diferente mirar honestamente el estilo de vida ideal y decidir cuál es una cifra razonable.

Lo mismo se aplica para "cuándo", y es algo que a menudo se ignora; sin embargo, esto le guiará para saber la base de las decisiones de inversión.

Por ejemplo, considere dos opciones de propiedad:

1. La propiedad A le generará un retorno de inversión del 15% pero nunca incrementará su valor.

2. La propiedad B le generará un retorno de inversión del 7% , pero incrementará su valor en la siguiente década.

Si usted planea tener un ingreso mensual dentro de 3 años, entonces la propiedad A probablemente será la mejor opción. Sin embargo, es poco probable que experimente un crecimiento en los próximos años, y es posible que actualmente usted necesite optimizar el efectivo en el banco.

Alternativamente, si usted ha elegido que quiere lograr su objetivo probablemente en la próxima década, entonces la propiedad B es la mejor opción. Es una apuesta, pero tendrá tiempo suficiente para que ocurra, y cuando suceda, sus ganancias superarán los mayores ingresos por alquiler que podría haber obtenido de la propiedad A.

Este es solo un ejemplo para mostrarle por qué tomar decisiones simples en la propiedad de su negocio puede ser difícil si no tiene un plan básico: dónde quiere terminar y cuándo quiere que suceda.

Entonces, en este punto del plan, usted debe:

• Evaluar sus finanzas para crear una imagen honesta de su estado actual.

• Tómese el tiempo para pensar dónde quiere llegar y cuándo.

Es un gran comienzo, pero para la mayoría de las personas, no tiene la mejor visión, y la brecha entre dónde están y dónde quieren llegar parecerá increíblemente grande.

Capítulo 4: Analizar una propiedad de alquiler

Las propiedades de alquiler son el tipo más popular de propiedades inmobiliarias en todo el mundo. Esto se debe a que son fáciles de controlar y la mayoría de los nuevos inversionistas lo consideran el punto de partida de sus carreras.

Sin embargo, si usted planea invertir en una propiedad de alquiler, ¿cómo se asegurará de que sea la propiedad correcta para invertir? ¿Cómo puede saber que la propiedad devolverá una ganancia que sea suficiente para manejar todos sus gastos?

Para responder a estas preguntas, entra en juego el análisis de propiedades de alquiler. Es el proceso de analizar una propiedad de inversión para medir su viabilidad y la cantidad de ganancia que puede lograr como propiedad de ingresos.

Al realizar un análisis de propiedades de alquiler, hay varios factores a considerar. Algunos afectan el rendimiento de la propiedad directamente, mientras que otros se utilizan para calcular sus rendimientos.

A continuación, se detallan los factores más críticos utilizados para analizar una propiedad de alquiler:

Ubicación

En la inversión inmobiliaria, la ubicación es crucial, ya que puede afectar profundamente el rendimiento de una propiedad, definir la estrategia de marketing y los tipos de inquilinos que desea atraer a la inversión. Por ejemplo, si usted invierte en una propiedad para alquiler que está cerca de una universidad, estará apuntando a estudiantes o miembros de las instituciones para aprovechar al máximo la ubicación.

Estrategia de alquiler

Elegir el enfoque de alquiler correcto para su propiedad de ingresos puede hacer o deshacer su carrera. Antes de comenzar a alquilar su propiedad, es vital que observe las diferentes opciones disponibles. Hay dos estrategias principales de alquiler para aplicar, y ambas no pueden operar en la misma propiedad:

- Propiedades a largo plazo

- Propiedades a corto plazo

Para escoger entre las dos, usted debe utilizar una herramienta de análisis de propiedades de alquiler para aprender el método más rentable.

El tipo de propiedad

Cada categoría de propiedad inmobiliaria tiene sus ventajas y desventajas. Al realizar un análisis comparativo, el tipo de propiedad en la que invierte es esencial. Un análisis de mercado comparativo no tiene que considerar todos los valores en un área; sin embargo, solo debe involucrar valores que sean similares a su propiedad. Esto debe incluir el tipo de propiedad, año, tamaño y otros factores.

Tipo de inquilinos que desea atraer

Un inquilino es una persona que reside en su propiedad y paga un alquiler semanal o mensual a cambio de su estancia. Quizás el aspecto más emocionante de las propiedades de alquiler es que los inquilinos que alquilan su propiedad son los responsables de pagar su hipoteca y otros gastos.

Existen diferentes categorías de inquilinos, y es por ello que usted debe personalizar sus técnicas de marketing y el diseño del hogar para que coincida con el tipo de inquilinos que desea atraer.

Ingresos por alquiler y flujo de caja

Los ingresos por alquiler de una propiedad se refieren a la cantidad de alquiler que una persona recibe de los inquilinos en forma diaria, semanal o mensual. Por otro lado, el flujo de caja se refiere a la cantidad de pérdida inicial o ganancia que genera la propiedad.

El flujo de ingresos en efectivo de una propiedad por alquiler describe el principal indicador de rentabilidad. El flujo de caja es negativo o positivo; dependiendo de la cantidad de dinero que usted pierda o gane. Si desea determinar el flujo de efectivo, simplemente necesita elegir el valor de los ingresos por alquiler y excluir todos los costos y gastos asociados con la propiedad del mismo valor.

Tasas de vacantes y ocupación

La tasa de vacantes se refiere al tiempo que una propiedad permanece vacía y la tasa de ocupación se refiere a cuándo está ocupada.

En un caso típico, la tasa de ocupación de una propiedad debe ser del 100% y le dará la oportunidad de obtener ganancias de la propiedad de alquiler durante todo el año.

La tasa de vacante se determina como un gasto. Después de calcular las ganancias que obtiene de los ingresos por alquiler y restar todos los costos, puede proceder a multiplicar la cantidad por la tasa de ocupación para encontrar el flujo de efectivo de la propiedad.

Tasa de capitalización

Esta es una métrica involucrada en la determinación del retorno de la inversión de un ingreso de alquiler dependiendo del valor de mercado actual.

La fórmula para encontrar la tasa de capitalización incluye:

Tasa de capitalización = (Ingresos operativos netos) / Valor actual de mercado) x 100

Esta métrica indica la rentabilidad de la propiedad. El valor de la tasa de capitalización también se muestra como un porcentaje. Representa la cantidad de ganancias que desea obtener cada año en comparación con el precio original de la propiedad. La métrica no incluye el método utilizado para financiar, y supondrá que la propiedad se compró completamente con efectivo.

Efectivo en Cash Return

Aunque el dinero de la devolución de efectivo se aplica para determinar el retorno de la inversión de una propiedad de ingresos, es diferente de la métrica de tasa de capitalización porque tiene en cuenta el método de financiación. Aún más preciso es que el reembolso en efectivo solo incluye los fondos reales invertidos en la compra de la propiedad.

Por lo tanto, si compra una propiedad con 80% de dinero prestado y 20% de efectivo, el efectivo en la métrica de devolución solo aplicará 20% de efectivo a su cálculo.

La fórmula utilizada para determinar el reembolso en efectivo incluye:

Efectivo en Cash Return = (NOI / Efectivo invertido) x 100

El valor de la devolución del efectivo en efectivo también se expresa como un porcentaje y revela la cantidad de dinero que se puede ganar en un año con la cantidad total de efectivo que se invierte en la propiedad.

Análisis comparativo de mercado

Para que usted pueda realizar una evaluación precisa de una propiedad de alquiler, tendrá que hacer una comparación con valores similares en el área. Un análisis de comparativo de mercado es útil para ayudarlo a comparar valores únicos o varios con otras propiedades en el mercado y para saber si las propiedades están funcionando bien.

Mediante el uso de un análisis de comparativo de mercado, usted puede evaluar dónde está la mayor capacidad en el mercado al hacer una comparación de las diferentes métricas y valores.

Por ejemplo, si usted realiza un análisis comparativo y el resultado revela que la tasa de capitalización promedio del mercado es del 4%, entonces las propiedades con una tasa de capitalización del 7% superan con creces el promedio del mercado.

Es así de fácil.

Cuando se trata de invertir en propiedades de alquiler, comprender cómo calcular los números es necesario para su éxito en la generación de ganancias y hacer la inversión correcta.

Como se vio anteriormente, hay muchas cosas que debe tener en cuenta al analizar las posibles propiedades de alquiler. Le guste o no, cuando usted comience a invertir en bienes raíces, tomará su futuro financiero en sus propias manos, lo cual puede ser preocupante para la mayoría de las personas.

Sin embargo, también puede ser convincente para muchas personas. Por lo general, cuando las personas comienzan a invertir en propiedades de alquiler, siempre tienen miedo de cometer un error o comprar una "propiedad mala", pero la verdad es que muchos materiales útiles pueden guiarlo. Cuando se trata de analizar posibles negocios, no hay lugar para la subjetividad.

Usted no necesita ser un genio para ver el futuro o memorizar números; solo necesita conocer los números y una herramienta que lo ayude a calcular el rendimiento. Por esa razón, si tiene curiosidad sobre el hecho de que cualquiera puede invertir en propiedades de alquiler, incluso si no sabe por dónde empezar, no se preocupe. ¡Este libro lo ayudará!

¿Con qué números debe estar familiarizado al hacer un análisis de propiedad?

En general, un análisis de una propiedad involucra un conjunto de números que están conectados a la propiedad y su cálculo determina el tipo de retorno que generará la propiedad. Si usted no conoce todos estos números o no son precisos, dará como resultado una aproximación inexacta del ROI o del flujo de efectivo mensual estimado.

La verdad es que, en algunos casos, puede tomar un poco de tiempo identificar estos números. Puede requerir una llamada telefónica a un agente de bienes raíces para generar una estimación de algunos números importantes, pero las llamadas telefónicas son críticas para garantizar que tenga estimaciones precisas del retorno de inversión.

Veamos algunos de los números que usted debe tener en cuenta para ayudarlo a analizar:

1. Impuestos

Averigüe el monto del impuesto total del inmueble para todo el año.

2. Precio de lista

Este es el precio que el vendedor pide por la propiedad.

3. Utilidades

Si usted va a pagar los servicios o servicios públicos en la propiedad, es posible que deba solicitar información a sus vendedores sobre lo que han pagado en el pasado por cada tipo de servicio público.

4. Gastos de capital

Esto es similar a construir para un fondo de reserva. El gasto de capital está vinculado con artículos grandes y caros que tendrá que reemplazar. Es posible contabilizar el ahorro de un porcentaje específico cada mes para canalizarlo hacia el gasto de capital.

5. Tasa de desocupación

Una cosa que es cierta acerca de la propiedad de alquiler es que estará vacía de vez en cuando. Esto le costará dinero y afectará su ROI. Sin embargo, puede darse cuenta de esto al principio ejecutando un análisis de su área local. Los agentes de bienes raíces pueden proporcionar un porcentaje estimado de la tasa de vacantes en su área local.

6. Pago o cuota inicial

¿Cuánto va dinero va a invertir en la propiedad de alquiler? El posible producto de préstamo que desea utilizar puede mostrar el monto del pago inicial.

7. Plazo hipotecario

El producto del préstamo determinará las condiciones. En general, verá los términos en incrementos de quince, veinte o incluso 30 años. Por lo general, en un préstamo convencional, se centrará en un pago inicial del 20% en un plazo de 30 años.

Si ingresa estos números en un analizador de propiedades, calculará automáticamente el ROI y pronosticará un flujo de caja mensual para que pueda obtener la estimación correcta de si la propiedad cumple con sus objetivos de inversión.

Consejos para llevar los números de la propiedad

Cuando se trata de analizar los números de las propiedades, debe ser muy preciso. No debe perderse de nada. Recuerde, cuando usted invierte en propiedades de alquiler, los números tienen que determinar la decisión de inversión más importante para usted, así que deje la emoción fuera de la ecuación. Además de eso, usted necesita herramientas que lo ayuden a mantenerse en el camino:

1. Busque un analista de propiedades

Cuando empiece, usted puede preguntarse cómo puede encontrar los números resaltados anteriormente y qué hacer con ellos.

La mayoría de las personas no se van a sentar y construir una hoja de cálculo integral que obtenga los números sin esfuerzo; sin embargo, internet tiene recursos útiles que pueden ayudarlo a calcular números en propiedades. Puede buscar analizadores y aplicaciones gratuitos diseñados para estimar su hipoteca y darle una idea de cómo se verá su hipoteca para que no tenga problemas para identificarla por su cuenta.

Lo mejor de la mayoría de estos analizadores de propiedades es que necesitará ingresar toda la información sobre la propiedad, y calculará automáticamente su ROI y flujo de efectivo.

Esto le permitirá tomar una decisión bastante rápida con respecto a si la propiedad cumple con sus objetivos de retorno de la inversión. Si es así, usted puede comenzar a reducir el camino de la búsqueda de información y programar una demostración. Por otro lado, si no cumple con sus objetivos de ROI, será fácil decir que no y continuar buscando.

Poseer una herramienta no solo hace que sea fácil calificar o descalificar una propiedad para usted, sino que generalmente puede ahorrarle mucho tiempo.

2. Números en blanco y negro

Para algunas personas, esto crea una sensación de alivio. Pero para aquellos que prefieren una sección gris, esto puede resultar difícil. Sin embargo, la verdad es que los números no son subjetivos. Hay datos e información que encontrará en cada propiedad que le permitirán ejecutar un análisis en blanco y negro de la misma.

En el campo de la inversión en propiedades de alquiler, hay cierta subjetividad en las decisiones que toma. Estos incluyen el tipo de inquilino que permite en su propiedad, ubicación y el estado de la propiedad. Estas cosas no se ven en blanco y negro, pero cuando recurre a los números, tiene que ser así.

Cuando se hace un análisis de la propiedad, y muestra su ROI y flujo de caja pronosticados, entonces es hora de que confíe en ella. Ignore la emoción y concéntrese en lo que la propiedad le entregará y si eso lo ayudará a alcanzar los objetivos que se ha fijado como inversionista.

Pasos a seguir para determinar con precisión el valor de su propiedad

Paso 1: Determine su rendimiento de alquiler bruto anual

Multiplique su renta mensual en el mercado por doce y obtendrá la renta anual. Luego, seleccione la renta anual y realice una división del precio con el último precio del mercado inmobiliario. Por ejemplo:

$ 3.000 / mes = $ 36.000 / año, $ 36.000 / $ 500.000 = 7.2% de rendimiento bruto de alquiler

Paso 2: Haga una comparación del rendimiento bruto de alquiler con la tasa libre de riesgo

Libre de riesgo se refiere a la producción de bonos a diez años. Todas las inversiones deben presentar una tasa de prima libre de riesgo. Si el rendimiento bruto anual del alquiler es menor que la tasa libre de riesgo, entonces debe intentar negociar.

Paso 3: Calcule el rendimiento neto anual del alquiler

Este rendimiento representa su ingreso operativo neto. Se puede calcular obteniendo su renta bruta anual y restando los intereses de la hipoteca, los costos de mantenimiento y los impuestos a la propiedad. El resultado neto del alquiler puede ser diferente para cada inversionista, ya que ciertos lugares tienen mucho más dinero que otros.

Paso 4: Ahora compare el rendimiento del alquiler con la tasa libre de riesgo

Por lo general, el rendimiento del alquiler neto debe ser mayor o igual a la tasa libre de riesgo. Usted pagará el principal con el tiempo y luego aumentará el rendimiento del apartamento alquilado. Si todo funciona bien, los alquileres aumentarán y su propiedad aumentará de precio.

Paso 5: Ahora determine la relación precio-ganancias de su propiedad

Este es el valor de mercado de su propiedad dividido por la ganancia neta corriente en ese momento.

Paso 6: Predecir el precio futuro de la propiedad y las expectativas de alquiler

El verdadero negocio es pronosticar las expectativas correctamente. Como inversionista de propiedades de alquiler, usted debe hacer uso de eventos anormales. El mejor método para predecir el futuro es comparar lo que sucedió en los años anteriores a través de gráficos en línea y crear expectativas realistas sobre el crecimiento del empleo local. ¿La ciudad continúa expandiéndose en términos de desarrollo, o hay restricciones? ¿Se están mudando los empleadores de la ciudad o viniendo a ella?

Paso 7: Ejecute diferentes escenarios

Lo primero es establecer el precio de su propiedad y las previsiones de alquiler y luego ejecutar diferentes escenarios.

Paso 8: Tenga en cuenta los impuestos y la depreciación

Casi todos los gastos asociados con la propiedad de una propiedad de alquiler están sujetos a impuestos. Otra cosa importante que necesita saber es la depreciación.

Paso 9: Busque ventas comparables

La forma más fácil de buscar ventas comparables de los últimos seis a doce meses es usar un sitio web en línea como Zillow.com. Aquí verá el historial de ventas, los registros de impuestos y mucho más. Debe hacer una comparación de su precio objetivo con las otras ventas. Luego puede identificar qué ha cambiado para asegurarse de obtener el mejor trato.

Errores a evitar al analizar alquileres

1. No subestime ni sobreestime los gastos

Una vez que comience a analizar su propiedad de inversión de alquiler, comenzará a darse cuenta de que no siempre puede encontrar números precisos en un acuerdo. Cuando ocurre esta situación, debe aplicar su experiencia y estimación, pero una cosa que no debe hacer es sobrestimar.

Es un poco mejor que los números caigan el último día en que aparecen. Si tiene la costumbre de sobreestimar los números, esto tiene la posibilidad de convertir un buen negocio en malo. Si los números están muy cerca al principio e incluso sobreestima $ 200 en algo, eso puede hacer que lo que parecía un negocio rentable sea una quiebra.

2. No confíe en cada palabra de la boca de un vendedor

Cuando solicite números para posibles negocios, siempre debe seguir con otra solicitud de documentos para verificar lo que dice el vendedor. Tiene derecho a solicitar la verificación de números cuando considere que algo no está bien. Pedir confirmación es otra forma de proteger su dinero.

La verdad es que hay diferentes cosas que usted debe tener en cuenta cuando esté a punto de comenzar a invertir en propiedades de alquiler. Sin embargo, una de las áreas más críticas a las que debe dedicar bien su tiempo es a analizar las ofertas.

Es importante recordar que, al analizar un área de inversión, es posible cometer errores. Algunos de estos errores pueden costarle mucho. Esto no tiene la intención de asustarlo, pero es solo otra forma de reforzar la necesidad de usar los números correctos cuando realice el análisis y asegurarse de que no termine usando los números incorrectos que recibe de agentes inmobiliarios y vendedores.

La idea de dominar las técnicas de análisis de propiedades de inversión puede parecer abrumadora, pero con la práctica diaria y el uso de las herramientas adecuadas, se convertirá en un profesional para encontrar una propiedad, investigar y comprar una propiedad de alquiler.

Capítulo 5: Financie su propiedad de alquiler

Invertir en propiedades de alquiler es un gran paso, pero ¿qué métodos puede utilizar para financiar una propiedad de alquiler?

En general, el financiamiento es la parte más difícil de comprar propiedades de ingresos por alquileres. La mayoría de las personas pasan la mayor parte de su tiempo en esta etapa. Sin embargo, si no necesita hacerlo, especialmente cuando comprende todas las opciones disponibles que puede usar para financiar su propiedad de alquiler y se familiariza con lo que debe considerar para elegir la mejor opción, finalmente aceptará que no es difícil financiar una propiedad de alquiler. Por lo tanto, usted debe estar familiarizado con las diferentes opciones de financiación de una propiedad de alquiler y cuándo es correcto usar cada una de ellas. Para ayudarlo a aprender y seleccionar un método de financiación, a continuación, se mencionan las formas de financiación de su propiedad de alquiler:

1. Efectivo

Esta es una de las formas más fáciles de financiar una propiedad de alquiler si ya tiene el dinero porque el monto del préstamo es cero. Sin embargo, también hay inconvenientes. Por ejemplo, se perderá de algunas ventajas que podría aprovechar. El apalancamiento es usar dinero de otras personas para financiar su propiedad de alquiler. Si no aprovecha, entonces su retorno de la inversión, incluido el efectivo contra reembolso, comenzará a disminuir.

Todo el efectivo es el mejor método para financiar una propiedad de alquiler cuando sabe que tiene un ingreso alto, planea hacer pequeñas compras cada año, o desea poner su dinero en algún lugar sin preocuparse por los retornos.

¿Cuál es el mejor retorno de efectivo?

Rara vez escuchará a alguien hablar el retorno de efectivo más allá del campo de la inversión inmobiliaria. La mayoría de las inversiones están determinadas por lo que se llama el retorno de la inversión, pero no con el retorno de efectivo. Para calcular el ROI, es imprescindible saber la cantidad de efectivo generado por una inversión. Pero no es fácil estimar la cantidad de dinero que puede generar un alquiler.

Como resultado, no parece razonable traer la idea del ROI al decidir entre comprar o no comprar una propiedad de inversión. Por lo tanto, la unidad más popular y directa aplicada es la devolución de efectivo en efectivo. Eso se calcula realizando una división del flujo de efectivo utilizando la cantidad de efectivo inicialmente invertida.

Cuando se trata de buen efectivo en efectivo, los expertos tienen sus números. Algunos sugieren que cualquier número superior al 8% está bien, mientras que otros no están de acuerdo. Los expertos que no están de acuerdo aconsejan que el retorno de dinero en efectivo debe ser del 20% o más. El reembolso en efectivo no es fijo, sino que cambia de un lugar a otro.

Dado que el reembolso en efectivo es una métrica sencilla, no es suficiente para tomar una decisión acerca de invertir o no en una propiedad de alquiler. Por ejemplo, no considera la apreciación en bienes raíces. Por lo tanto, es solo una señal de si una inversión inmobiliaria puede ser una gran idea o no. Pero antes de tomar su decisión final, es esencial realizar un análisis en profundidad que le proporcione el rendimiento que está buscando:

1. Compre como propietario ocupante

Cuando usted compra una casa de alquiler como propietario-ocupante, podrá recibir las mejores ofertas de financiación. Puede obtener una hipoteca de grado de propietario garantizada por 30 años con un pago inicial mínimo del 3.5%. El banco generalmente pagará sus impuestos y el seguro de una cuenta de depósito en garantía, que luego paga todos los meses como parte del acuerdo. Usted puede comprar otra propiedad como propietario-ocupante y repetir el mismo proceso una vez más.

Dicho esto, es necesario tener cuidado de no abusar de este proceso porque aparecerá en su crédito, y debido a que solo puede obtener algunos de estos préstamos, es posible que tenga un inconveniente y necesite buscar otras opciones.

Esta es la forma correcta de financiar una propiedad de alquiler si es nuevo en el negocio de alquiler, o si desea tener algunos alquileres como un trabajo adicional.

2. Pequeña banca de financiación comunitaria

Es ligeramente diferente al préstamo bancario tradicional. A diferencia de los grandes bancos que tienen sus operaciones en todos los estados, los bancos pequeños trabajarán en comunidades pequeñas. Los grandes bancos respetan las pautas, pero los bancos pequeños tienden a mantener los préstamos internos en lugar de venderlos a los inversionistas. En este caso, antes de otorgar un prestamo querrán aprender más sobre usted. Por lo tanto, usted debe estar listo para una visita en persona y estar preparado para la red. Una vez que se apruebe, será bastante fácil trabajar con ellos.

Los bancos pequeños también disfrutan cuando sus negocios entran en su esfera. Una de las mejores cosas de los bancos pequeños es que saben mucho sobre sociedades de capital porque logran acuerdos en otras áreas de negocios, no solo en la propiedad de alquiler. Por lo tanto, si usted está pensando en buscar más inversionistas para comprar grandes propiedades conjuntamente, los bancos pequeños pueden ser útiles para asegurarse de estructurar los préstamos para este tipo de acuerdo.

Un pequeño banco de financiación comunitaria es uno de los mejores métodos para financiar una propiedad de alquiler si usted desea involucrarse a tiempo completo en la inversión inmobiliaria. Nuevamente, si usted sabe que es bueno en la construcción de relaciones y redes, este podría ser el mejor enfoque.

3. Préstamo bancario tradicional

Es posible que haya oído hablar de un préstamo bancario tradicional. Este se adhiere a los principios establecidos por Freddie Mac, que no ha sido respaldado por el gobierno federal. En este caso, el pago inicial puede aumentar al 30%, con el respaldo de una propiedad de inversión. Sin embargo, lo bueno de esto es que el banco puede tener un ingreso de alquiler aproximado de la propiedad para respaldar su relación de deuda e ingresos. Por lo tanto, debe tomarse el tiempo para discutir esto con su prestamista.

Dicho esto, su historial de crédito, ingresos y puntaje de crédito son importantes para un préstamo bancario tradicional, pues determinará su capacidad para obtener la aprobación y la tasa de interés de la hipoteca. Usted debe poder pagar la hipoteca, y los ingresos futuros de la propiedad no deben incluirse en la ecuación.

Este es el mejor método para financiar una propiedad de alquiler cuando usted sabe que tiene un buen historial crediticio y un excelente ingreso.

4. Prestamista privado

Ya sea un amigo de la familia o simplemente un inversor privado, a veces usar un prestamista privado en lugar de un banco tiene ventajas. Por ejemplo, puede negociar el acuerdo sin temor ni preocupación porque ya no hay requisitos establecidos. El procedimiento de calificación del préstamo lleva poco tiempo y es muy complejo. De ese modo, va a gastar poco dinero en costos relacionados con el préstamo.

Sin embargo, la tasa de interés es a menudo más alta, y los préstamos de prestamistas privados suelen ser a corto plazo. Por lo tanto, trate de buscar un prestamista privado que pueda llevar a un banco y lograr que el préstamo del prestamista privado sea refinanciado. Pero antes de que pueda hacer esto, asegúrese de poder negociar un trato justo con el prestamista privado. Además, interactúe con diferentes prestamistas antes de decidir con quién cerrar el trato.

Es mejor utilizar este método cuando sabe que no usted es "financiable". También debe ser un buen negociador y estar seguro de que la propiedad de alquiler generará ganancias.

5. Programas hipotecarios del gobierno

¿Usted sabía que es posible inscribirse en programas sobre cómo financiar una propiedad de alquiler? Los programas de hipotecas del gobierno como USDA, FHA y VA pueden ayudar a los posibles inversores a comprar propiedades de alquiler para obtener pagos iniciales bajos. Por ejemplo, los préstamos de la FHA pueden exigir un pago inicial de aproximadamente 3.5%. Otros tipos de programas también funcionan con un pequeño pago inicial.

6. Hipotecas de financiación del propietario

Usted necesariamente no necesita una hipoteca de los programas gubernamentales o bancos para financiar una propiedad de alquiler. Usted puede pedir el préstamo a los propios vendedores. Por divertido que parezca, es posible obtener una hipoteca de los inversores en propiedades de alquiler que planean vender sus propiedades. Todo lo relacionado con el préstamo está abierto a negociación, lo cual es una ventaja. El problema es que a muchos propietarios no les gusta este tipo de financiamiento.

7. Préstamo de dinero duro

La mayoría de las estrategias discutidas no son tan arriesgadas o complicadas. Sin embargo, los préstamos de dinero duro son diferentes. Si bien estos préstamos cubren una gran suma de la compra, a veces sin un pago inicial, son muy riesgosos para las propiedades de ingresos por alquiler. Parte de su riesgo se debe a las altas tasas de interés y tarifas. De nuevo, son difíciles de encontrar. Por lo tanto, si está buscando un préstamo para pagar y está seguro de que lo devolverá a tiempo, estos préstamos pueden funcionar bien para usted.

8. Prestamos Flix and flip o reparar y revender

El préstamo de arreglar y revender es un tipo de préstamo de dinero duro. Este tipo de préstamo se usa para financiar a un inversionista de propiedades de alquiler que quiere hacer algún mantenimiento o renovación. Al igual que cualquier otro préstamo de dinero duro, los préstamos de reparaciones tienen tasas de interés más altas. Por ejemplo, las tasas de estos préstamos pueden superar el 15%. Al igual que todos los préstamos de dinero duro, los préstamos de reparaciones varían según el valor de la propiedad en lugar del crédito del inversionista.

Como se dijo anteriormente, hay diferentes formas de financiar una propiedad de alquiler. Ningún método es correcto o incorrecto. Todo depende de su tiempo, la razón por la que se está invirtiendo y de los recursos. Hemos analizado diferentes opciones en esta sección, pero usted debe tomarse el tiempo y profundizar en cada método antes de adoptarlo.

Esto debería darle el impulso y una idea sobre cómo identificar la mejor opción para financiar una propiedad de alquiler que satisfaga sus necesidades. En la siguiente sección encontrará algunas formas creativas de financiar la compra de una propiedad de alquiler.

Algunas formas creativas de financiar su propiedad de alquiler

1. Financiamiento del vendedor

Bajo este enfoque, usted obtiene un préstamo de la persona que le vende la propiedad. A veces, cuando el vendedor quiere prestarte dinero, será más fácil que ir al banco.

Estas ofertas funcionan en algunos escenarios. El vendedor puede decidir financiar el pago inicial o la compra completa. El vendedor puede ser otro inversionista inmobiliario o incluso el propietario de la propiedad.

El éxito de este método es asegurarse de alcanzar un acuerdo razonable sobre la tasa de interés del préstamo. Si usted no tiene suficiente experiencia en esta área, podría ser inteligente trabajar con un abogado. Independientemente de la experiencia que tenga, asegúrese de aceptar los términos del préstamo por escrito.

2. Asociaciones

En esta opción, se forma una sociedad con otra persona. Entonces usted puede acordar un pago inicial. Esta es una estrategia excelente si tiene un miembro de la familia que está interesado en ser parte de la inversión inmobiliaria, pero tal vez él o ella no esté involucrado en el trabajo diario de cobrar el alquiler y realizar las otras tareas del arrendador.

En este caso, un socio contribuirá con el dinero y el otro se concentrará en los deberes de ser propietario.

La clave del éxito radica en acordar cómo compartir los ingresos. Se recomienda considerarlo como un equilibrio entre el riesgo y la recompensa con los costos y beneficios. Su socio asume el riesgo financiero, pero usted dedica toda su energía a generar ingresos a través del alquiler.

3. Fondos de jubilación

La mayoría de las personas que han trabajado para sí mismas han ahorrado su dinero de jubilación en una cuenta de jubilación individual (IRA por sus siglas en inglés). Si usted tiene una cuenta de jubilación individual autodirigida, se le otorgará permiso para invertir en un activo no tradicional. En otras palabras, puede usar el dinero en su cuenta de jubilación individual autodirigida para ejecutar una propiedad de alquiler.

Si usa esta vía, asegúrese de hablar primero con su contador. Incluso con la presencia de un programa de software que simplifica todo, la inversión en propiedades de alquiler se reduce a una inversión más práctica que cualquier otra cosa en el mercado de valores. Antes de comenzar, asegúrese de decidir invertir el tiempo y la energía necesarios para lograr un retorno de la inversión.

Tenga en cuenta que no importa cómo decida financiar su propiedad de alquiler, asegúrese de tener toda la documentación lista para facilitar su éxito y generar ingresos regulares de la propiedad que compra. En otras palabras, debe invertir en:

• Acuerdos formales con un vendedor profesional que esté dispuesto a prestarle dinero para comprar una propiedad.

• Documentos legales como LLC para definir claramente las obligaciones, quien las debe cumplir, la compensación y quien la recibe.

• Proyecte el rendimiento esperado de los diferentes tipos de inversión en un planificador financiero para que pueda hacer varias comparaciones.

Capítulo 6: Consejos de Negociación

¿Cuáles son algunos consejos inteligentes de negociación inmobiliaria? Y como inversor en inmueble para alquileres, ¿cuál es la mejor manera de negociar un acuerdo inmobiliario?

Hay un objetivo específico cuando se trata de negociar un acuerdo para comprar una propiedad de inversión. ¿Pero cuáles son las primeras cosas que usted debe hacer cuando quiere establecerse? Aprendamos sobre el arte de la negociación para que usted pueda obtener el mejor precio independientemente de si está vendiendo o comprando.

Para comenzar, si usted planea comprar una propiedad, tómese el tiempo para comprender exactamente lo que desea de la inversión. ¿Espera ganar dinero a través del aumento del valor de la propiedad con el tiempo, o desea ganar flujo de efectivo y luego comprar la propiedad? Esas son las dos preguntas principales a considerar.

Por lo general, usted debe tener en cuenta tanto el valor de la propiedad como también la obtención de ingresos por el alquiler. Sin embargo, estos dos factores dependen del precio que paga por la propiedad y la forma en que paga. Si usted lo va a hacer a través de un préstamo, la cantidad de interés que paga será un factor crítico en su flujo de caja.

El secreto sobre la negociación es evitar hablar de números de inmediato; en su lugar, discuta cuál es su objetivo y cómo usted y el agente pueden ayudarse mutuamente. La negociación es un arte porque requiere una mente ágil, un comportamiento tranquilo y un razonamiento firme. Por supuesto, la capacidad de saber cuándo vale la pena llegar a un acuerdo y cuándo retirarse o comprar la propiedad es crucial.

En propiedades de inversión de alquiler, usted puede negociar cualquier cosa, ya sea las condiciones de pago, el precio, los ingresos de alquiler y los muebles de la propiedad de alquiler. Todo en bienes raíces puede ser negociado. Las negociaciones son especialmente importantes cuando se compra una propiedad de inversión porque es la mejor manera de llegar a un acuerdo como inversionista de propiedades de alquiler. Aunque los nuevos inversionistas en propiedades de alquiler pueden no conocer las habilidades de negociación más críticas para una inversión en alquiler, aquellos que tienen experiencia, particularmente aquellos que tienen éxito, probablemente sean expertos en negociar el mejor acuerdo. Este capítulo tiene como objetivo enseñarle los consejos que usted debe usar para llegar a un acuerdo y ayudarlo a dominar el arte de la negociación en propiedades de inversión de alquiler.

Nuevas pautas

Primero, la regla general de la negociación es que a las personas les gusta ser entendidas y aceptadas. Durante mucho tiempo, escuchar ha sido la herramienta más barata pero más efectiva que se puede usar. Al escuchar atentamente, usted demuestra empatía y un esfuerzo sincero por entender a la otra persona.

Conviértase en un espejo

Si hay algo que separa a los buenos negociadores de los malos, es que los buenos siempre están listos para las sorpresas.

Los buenos negociadores desafiarán los supuestos que muchas personas eligen aceptar, ya sea por fe o por arrogancia. Por esa razón, están emocionalmente abiertos a todas las probabilidades e intelectualmente flexibles a las situaciones.

Las negociaciones no son una batalla de argumentos. Las personas que consideran las negociaciones como una batalla de casos a menudo se sienten perturbadas por las voces en su cabeza. La negociación es un viaje de descubrimiento. Su función es descubrir tanta información como puedas. Para silenciar las voces en su mente, haga un esfuerzo por concentrarse en lo que la otra persona quiere decir. Su función es tratar de comprender lo que quieren y hacer que se sientan lo suficientemente seguros como para decirlo.

Es importante recordar que las negociaciones no pueden llevarse a cabo si no se escucha. Escuchar, en este caso, significa darle a la otra persona el tiempo para hablar, validar sus emociones y generar suficiente confianza y seguridad para que comience una conversación.

No se apresure. Uno de los errores más comunes que cometen los negociadores es que siempre llevar las negociaciones demasiado rápido. Si usted se apresura, las personas comenzarán a sentir que no se les está escuchando, y corre el riesgo de dañar la relación y la confianza que ha construido.

Cuando se trata de negociadores, hay tres tipos de tono de voces involucradas:

1. La voz de DJ de FM a altas horas de la noche: aplíquela selectivamente para transmitir su mensaje. Solo mantenga la voz baja, tranquila y lenta. Una vez que haya terminado, creará una imagen de autoridad y confiabilidad sin una actitud defensiva.

2. Voz juguetona: esta debería ser su voz predeterminada y la de una persona amable. El secreto aquí es relajarse y mantener una sonrisa mientras habla.

3. Voz asertiva o directa: esta voz en particular rara vez se usa, pero cuando se usa, puede causar problemas y generar retroceso.

Mantenga una sonrisa en su cara. Cuando las personas experimentan un estado mental positivo, piensan rápido y es probable que trabajen juntas y resuelvan un problema. La positividad genera agilidad mental tanto en usted como en la otra parte.

Usted puede decidir ser directo y e ir directo al punto creando un tono de voz de seguridad que diga: "Estoy bien, lo estás haciendo bien; por lo tanto, podemos resolver las cosas".

Mire los supuestos y aplique la negociación para evaluarlo rigurosamente.

Los espejos crean magia. Intente y repita las últimas tres palabras de lo que la otra persona acaba de decir. Muchas personas tienen miedo de cosas diferentes y se sienten atraídas por lo que es similar. La duplicación es una técnica de emulación de similitud. Es esencial porque sirve como mecanismo de unión. ¿Cuándo debería reflejar a la otra persona? Si usted desea alentar a la otra persona para que se vincule con usted, dele su tiempo para reorganizarse, mantenga la conversación y apoye a sus contrapartes para que revelen su estrategia.

Al repetir lo que dice la gente, la otra parte posiblemente explicará lo que acaba de decir y mantendrá la conexión.

Evite sentir su dolor; en cambio, etiquételo

La empatía técnica es el proceso de comprender los sentimientos y la mentalidad de su contraparte y escuchar lo que los impulsa para que pueda determinar su influencia en todas las direcciones. Esto puede implicar llamar la atención sobre los desafíos emocionales y las posibles vías para llegar a un acuerdo.

Si usted puede mirar cuidadosamente la cara, los gestos y el tono de voz de otra persona, su cerebro comenzará a coincidir con el de ellos en un proceso llamado "resonancia neuronal", y eso nos hace comprender lo que piensan y sienten.

Si usted quiere mejorar sus habilidades en resonancia neuronal, entonces debe practicar. Simplemente dirija su atención a una persona que está hablando cerca de usted, o incluso mire a una persona entrevistada por televisión. Mientras hablan, comience a imaginar que usted es esa persona. Visualícese en la posición que explican y agregue tantos detalles como sea posible.

El etiquetado es un método utilizado para validar la emoción de otra persona al mostrar su aprobación. Busque un nombre para el sentimiento que alguien expresa y demuestre cómo se identifica con las experiencias de la persona. Esto lo acercará a una persona incluso sin preguntarle aspectos externos de los que no tiene idea. Lo primero en el etiquetado es identificar el estado de las emociones de la otra persona.

El secreto para detectar sentimientos es tener en cuenta los cambios que experimentan las personas cuando responden a eventos externos. En la mayoría de los casos, estos eventos reflejan sus palabras. Una vez que vea una emoción, lo siguiente es etiquetarla en voz alta. Las etiquetas pueden estar en forma de preguntas o declaraciones; la única diferencia radica en la forma en que usted elige terminar la oración. Independientemente de la forma en que lo termine, las etiquetas casi siempre comenzarán con las mismas palabras:

- "Suena como..."
- "Parece que..."

Cuando responden, la otra parte a menudo proporciona una respuesta más larga que simplemente "Sí" o "No". Y cuando no están de acuerdo con la etiqueta, está bien. Siempre puede decir: "No dije que eso era lo que era; solo dije que suena así".

Finalmente, lo último sobre el etiquetado es el silencio. Una vez que use una etiqueta, permanezca callado y escuche. Las emociones de los seres humanos tienen dos niveles: el comportamiento de "presentación" que se encuentra sobre la superficie y el sentimiento "subyacente" que es lo que impulsa el comportamiento.

Al etiquetar, los grandes negociadores se centran en las emociones subyacentes. Al etiquetar los negativos, los difunde; si etiqueta los positivos, los refuerza.

El etiquetado es útil porque elimina las confrontaciones enojadas, ya que hace que una persona internalice sus sentimientos en lugar de continuar actuando.

El método más rápido y eficiente para crear un entorno de trabajo rápido es aceptar lo negativo y difundirlo.

La investigación ha demostrado que la mejor manera de manejar la negatividad es observarla sin ningún juicio y reacción. Entonces puede etiquetar conscientemente cada sentimiento negativo y sustituirlo por pensamientos positivos, compasivos y basados en soluciones.

Póngase en el lugar de la otra persona. Cuando muestre preocupación por ellos, usted mostrará que está escuchando. Una vez que pueden ver que usted está escuchando, pueden decirle algo que usted puede usar. Una de las razones por las cuales la otra parte puede no llegar a un acuerdo con usted suele ser muy sólida. En este caso, debe concentrarse en eliminar las barreras para llegar a un acuerdo.

Tómese el tiempo para relajarse. Una vez que identifique una barrera o refleje a una persona, espere a que se hunda. No se asuste; la otra parte valorará el silencio. Identifique los temores de la otra parte y luego difunda su poder.

Cree una lista de las peores cosas que pueden decir sobre usted y pronuncie las palabras antes que la otra persona. Dado que las siguientes acusaciones pueden parecer exageradas cuando se hablan en voz alta, al expresarlas, motivará a la otra persona a inferir que lo contrario es cierto.

Tenga en cuenta que está interactuando con una persona que quiere ser entendida y motivada. Por lo tanto, debe centrarse en usar etiquetas para mejorar y aumentar las percepciones positivas.

Aprenda cuándo decir "sí" o "no"

Forzar un "sí" no acerca a un negociador a una victoria; en cambio, molesta a la otra parte.

Para los grandes negociadores, "NO" ofrece una excelente oportunidad para que usted y la otra parte determinen lo que desea, al excluir lo que no desea.

"No" es el comienzo de una negociación y no el final de la misma.

Los buenos negociadores apuntan al "no" porque entienden que ese es el punto en el que comienza la negociación real. "No" generalmente puede significar:

- No estoy listo para aceptar.
- Me está haciendo sentir muy incómodo/a.
- No creo que pueda pagarlo.
- No entiendo.
- Requiero información adicional.

Haga el tipo de preguntas basadas en la solución: "¿Qué pasa si esto no funciona para usted?" "¿Qué necesita para asegurarse de que funcione? "Parece que hay algo aquí que le preocupa".

Es posible que la gente quiera decir "No" de inmediato, pero no lo haga; sin embargo, usted debe llevarlos a que lo digan pronto.

Hay tres tipos de "Sí":

- Falso
- De confirmación
- De compromiso

En el caso del "sí" falso, la otra parte quiere decir "no", pero considera que "sí" es la ruta más fácil y solo quiere asegurarse de que la conversación continúe.

Un "sí" de confirmación en general es inocente, y una respuesta reflexiva a una pregunta en blanco o negro. A veces, se usa para establecer una trampa, pero en la mayoría de los casos, es una simple afirmación sin una promesa de acción.

Finalmente, existe "sí" de compromiso. Este es el trato real, y es el acuerdo correcto que resulta en la acción "sí" en la mesa y una firma del contrato. Este tipo de compromiso es lo que usted espera, pero los tres tipos se ven iguales, por lo que uno tiene que aprender a identificar el que se está utilizando.

Ya sea que se refiera a él como "buy-in" o "compromiso" o algo diferente, los grandes negociadores entienden que su trabajo es guiar lentamente a la otra parte a descubrir su objetivo.

Si bien utilizar todas las habilidades para construir una buena relación, una conexión y un acuerdo con una contraparte es crucial, a menudo este tipo de relación es inútil a menos que la otra parte sienta que es responsable de construir la conexión, así como las nuevas ideas.

Si bien la intensidad puede ser diferente de un individuo a otro, usted puede estar seguro de que todas las personas con las que se encuentre están guiadas por dos impulsos principales: la necesidad de sentirse seguro y la necesidad de tener el control.

Si está intentando vender algo, evite comenzar con "¿Tiene unos minutos para hablar?" Sin embargo, puede preguntar: "¿Ahora es un mal momento para hablar?" De esa manera, recibirá: "Sí, es un mal momento" o "No, es un buen momento".

"No" tiene muchas posibilidades, tales como:

- Permitirá que surjan los desafíos reales.

- Protegerá a las personas y les brindará la oportunidad de corregir decisiones ineficaces.

- Ralentizará las cosas para que las personas puedan adoptar fácilmente sus decisiones y acuerdos cuando lleguen a un acuerdo.

- Ayudará a las personas a sentirse emocionalmente cómodas y seguras.

- Hará avanzar los esfuerzos de todos.

Otro medio para forzar un "no" en una negociación es preguntarle a la otra parte lo que no quiere.

Incluso después de hacer todos sus esfuerzos, y la otra parte se niega a decir: "No", tratará con personas que son indecisas o tienen una agenda oculta.

Al decir "No", hará que el orador se sienta seguro y en control, y así lo activará. Y esa es la razón por la cual "¿Es un mal momento para hablar?" es mejor que "¿Tiene unos minutos para hablar?"

A veces, el único medio para que su contraparte le escuche y participe con usted es forzarlos a un "no". Significa etiquetar errónea y deliberadamente una de las emociones o hacer preguntas ridículas, como: "Parece que quisieras que el siguiente proyecto fracase", esto solo se puede responder negativamente.

Cuando un posible grupo de negociadores lo ignora, usted puede decidir comunicarse con ellos utilizando un tipo de pregunta clara y concisa de "NO" que muestre que usted está listo para retirarse. Por ejemplo, la pregunta "¿Ha renunciado al siguiente proyecto?" hará maravillas.

Use las dos palabras que cambian instantáneamente cualquier negociación

Antes de persuadir a la otra parte para que vea lo que está tratando de lograr, debe decirle cosas que lo harán decir: "Eso es correcto".

"Eso es correcto" parece mejor que "Sí". Al aplicar "eso es correcto" en una

conversación, generará avances.

También puede usar un resumen para activar "eso es correcto". Los componentes básicos de un excelente resumen son una etiqueta combinada mediante parafraseo.

Transforme la realidad de los demás

La palabra más crítica en una negociación es "justo".

Mientras negocia, usted debe aspirar a lograr una reputación de ser justo. Su reputación le precederá. Haga que su reputación lo presente de una manera que genere éxito. Comprenda los detonantes emocionales, y luego podrá sacar los beneficios de cualquier trato en un lenguaje que rime.

Para recibir un apalancamiento real en una poderosa negociación, usted debe convencer a la otra parte de que ellos tienen algo que perder cuando el acuerdo no tiene éxito. A continuación, se muestra cómo puede lograr eso:

1. Active sus emociones

Para cambiar la realidad de la otra parte, debe comenzar con una auditoría de acusación para reconocer todos los miedos de la otra parte. Comience por reconocer las preocupaciones de la otra parte. Ancle su emoción y prepárelo para una pérdida. Usted manejará la pérdida de la otra parte para que reaccione ante la idea de escaparse de eso.

2. Deje que la otra persona empiece

Ser el primero nunca es lo mejor, especialmente cuando se trata de discutir el precio. En cambio, debe permitir que la otra parte maneje las negociaciones monetarias. Al permitirles anclar, puede que usted tenga suerte, pero también debe tener cuidado. Es necesario prepararse psicológicamente para manejar la primera oferta. En caso de que la otra persona sea experta, puede elegir un ancla extrema y cambiar su realidad.

3. Determine un rango

Cuando llegue el momento de decir su precio, debe contrarrestarlo recordando un acuerdo similar que desencadene su "cifra estimada". En lugar de decir: "Esto vale $ 110.000", puede decir: "Las personas en esta profesión ganan entre $ 130.000 y $ 170.000". Eso impulsará su punto sin que la otra parte se ponga en una posición defensiva, y lo hará pensar en un nivel superior.

4. Pivote a términos no monetarios

El mejor y más simple medio para cambiar la realidad de la otra parte en su punto de vista es pasar a acuerdos no monetarios. Una vez que los haya anclado alto, puede traer su oferta y parecer razonable al proporcionar cosas que no son importantes para usted pero que podrían ser vitales para ellos. Cuando la oferta es baja, usted puede solicitar cosas que son más importantes para usted que para ellos.

5. Cuando hable de números, asegúrese de usar números impares

Los números que terminan con 0 a menudo aparecerán como marcadores de posición temporales que se pueden negociar. Sin embargo, si usted menciona cualquier cifra redondeada para decir $ 47.234, da la impresión de que la obtuvo mediante un cálculo complejo.

6. Sorprenda con un regalo

Usted puede atraer a su contraparte a un estado de generosidad generando un anclaje profundo y luego, después de su primer rechazo, proporcionarles un regalo completamente diferente.

Genere una ilusión de control

Cuando usted ingresa a una tienda, en lugar de mencionar al vendedor lo que sea que "necesita", puede elegir describir lo que está buscando y hacer preguntas. Una vez que haya elegido lo que desea, en lugar de decir que no tajantemente, diga que el precio es un poco más alto de lo que había planeado y solicite ayuda con el mejor tipo de preguntas, como "¿Cómo se supone que debo hacer eso?"

Este tipo de preguntas tienen el potencial de enseñarle a la otra parte cuál es el problema en lugar de generar conflicto diciéndole cuál es el problema.

Debe aplicar una pregunta calibrada con frecuencia, y hay algunas cosas que encontrará que empleará al comienzo de cada negociación. Por ejemplo, "¿Cuál es el mayor problema que enfrenta?"

A continuación, hay más ejemplos que puede usar:

- ¿Cómo puedo ayudar a garantizar que esto sea mejor para nosotros?

- ¿Qué nos llevó a la siguiente situación?

- ¿Cómo le gustaría que procediera?

- ¿Cuál es el objetivo?

- ¿Cómo se supone que debo hacer eso?

Al usar estas preguntas calibradas, hace que la otra parte sienta que está a cargo, pero solo usted es quien está construyendo la conversación. Incluso con las mejores técnicas y enfoques, es esencial controlar sus emociones si usted desea tener alguna posibilidad de llegar a la cima.

La primera y más importante regla para mantener la calma emocional es morderse la lengua. Otra idea simple es que cuando sea agredido verbalmente, desarme a su contraparte haciendo una pregunta calibrada.

Cuando una persona siente que no tiene el control, aplica lo que los psicólogos llaman "mentalidad de rehén". Eso significa que, en tiempos de conflicto, tienen que reaccionar ante la falta de poder volviéndose muy defensivos.

Evite preguntas a las que pueda responder con un "sí" o respuestas cortas; estas exigen poca reflexión y motivan el deseo humano de reciprocidad, es decir, se le pedirá que devuelva algo.

Incluya palabras como "cómo" o "qué" en las preguntas que haga. Al pedir ayuda a la otra parte, estas preguntas permitirán crear una ilusión de control a su contraparte y los motivará a hablar más tiempo, revelando información crítica.

Evite hacer preguntas que comiencen con "por qué" a menos que desee que su contraparte defienda algo que lo ayude. "Por qué" suele ser una acusación utilizada en cualquier idioma.

Etiquete sus preguntas para llevar a su contraparte a resolver el problema planteado. Eso le servirá de ayuda a su contraparte para que utilice toda su energía en la búsqueda de una solución.

Implemente una garantía

Es importante que los negociadores se conviertan en "arquitectos de decisión". Necesitan desarrollar dinámicamente los aspectos no verbales y verbales de una negociación para obtener tanto el permiso como la implementación. Un "sí" sin "cómo" no es nada.

Con suficientes preguntas de "cómo", es posible leer y preparar el entorno de negociación de manera que finalmente llegue a la respuesta que a usted le gustaría escuchar.

El secreto de las preguntas de "cómo" es utilizar formas suaves de decir "no" y guiar a su contraparte para encontrar una mejor solución. Un suave "cómo" o "no" crea colaboración y la otra parte se siente respetada.

Además de responder con un "no", el otro beneficio principal de preguntar "¿cómo?" es que obligará a su contraparte a elegir considerar y describir cómo se puede llegar un acuerdo.

Al permitir que sus contrapartes mencionen la implementación en sus propias palabras, deberá haber etiquetado cuidadosamente las preguntas de "cómo" y convencerlas de que la última respuesta es su idea. Esto es importante porque las personas tienden a dedicar mucho esfuerzo a ejecutar una solución cuando creen que es suya.

Hay dos preguntas importantes que puede solicitar para impulsar a sus contrapartes a comenzar a pensar que están definiendo el éxito en su camino. Por ejemplo, "¿Cómo puedo saber que estoy encaminado?" y "¿Cómo abordaremos los problemas cuando nos damos cuenta de que no estamos encaminados?" Cuando responden, puede resumir sus respuestas hasta que escuche: "Eso es correcto". En este punto, usted sabrá que lo ha logrado.

Hay dos signos claros por los que usted debe preocuparse que muestran que su contraparte no cree que la idea le pertenece. Cuando dicen: "Tienes razón", generalmente es un gran indicador de que no creen lo que se está discutiendo. Si usted decide presionar y escucha algo como "lo intentaré", solo sepa que significa "planeo fallar".

Cuando no escuche nada de lo anterior, cambie de nuevo el giro de la negociación con una pregunta calibrada de "cómo" hasta que determinen los términos de un acuerdo. A continuación, haga un seguimiento resumiendo lo que han dicho para obtener "eso es correcto".

Usted también debe estar al tanto de los jugadores de "nivel II". Esto incluye a las partes que no están directamente involucradas, pero que pueden ayudar a implementar los acuerdos que prefieran y bloquear los que no quieran.

A continuación, encontrará las herramientas, tácticas y métodos para aplicar formas sutiles de comunicación verbal y no verbal para aprender y cambiar el estado mental de su contraparte.

• La regla del 7-38-55 por ciento

De acuerdo con esta regla, solo el 77% de un mensaje contiene palabras, mientras que el 38% se origina en el tono de voz y el 55% proviene del lenguaje corporal y la cara del hablante. Preste atención al lenguaje corporal y al tono para asegurarse de que van de la mano con el significado literal de las palabras. Si no lo hacen, es probable que el hablante no esté convencido o esté mintiendo.

Siempre que el tono o el lenguaje corporal de una persona no coincidan con sus palabras, use etiquetas para identificar el origen de la incongruencia.

Identifique la incongruencia y manipúlela suavemente contra la otra parte sin faltarle el respeto.

• La regla del tres

La regla del tres se trata de persuadir a la otra parte para que acepte lo mismo tres veces en la misma conversación.

La primera vez que le otorgan un compromiso se marca como No 1. Para el No. 2, puede etiquetar o resumir lo que dijeron para que respondan "Eso es correcto". Y la tercera vez puede calibrarlo usando "cómo" o "qué" para que ellos describan lo que constituye el éxito. Podría ser algo como: "¿Qué podemos hacer si nos salimos del camino?"

Las tres veces también pueden tomar la forma de la pregunta calibrada tres veces.

Cómo hacer que la otra parte haga una oferta contra sí misma

El mejor enfoque para hacer que la otra parte reduzca sus demandas es decir "no" y aplicar preguntas de "cómo". Estos son métodos indirectos de decir "no" que no pueden acabar a su contraparte.

El primer paso es usar el viejo modo de espera: "¿Cómo se supone que debo realizar eso?". Debe decirlo respetuosamente para que se convierta en una solicitud de asistencia. Si lo dice correctamente, hará que la otra parte participe en su dilema y presente una mejor oferta.

A continuación, algunos ejemplos de "Su oferta es sincera; sin embargo, lo siento, pero eso no funciona para mí" es una forma inteligente de decir "no".

Esta respuesta bien probada evita crear una contraoferta, y la aplicación del término "generoso" hace que su contraparte se adhiera a la palabra. El "lo siento" también tiende a suavizar el "No" y establecer empatía.

Luego puede seguir con algo como "lo siento, pero me temo que no puedo hacer eso", lo que hace un buen trabajo. Al mostrar la incapacidad para realizar lo que se le pide, puede generar la empatía del otro lado.

Si tiene que ir más allá, entonces "No" es la última forma y la más directa. Verbalmente, debe decirlo con una inflexión hacia abajo y un tono de respeto, por lo que no es un "¡NO!"

Negociar duro

Cuando usted sienta que lo están "poniendo contra una pared", puede desviar la conversación a cuestiones no monetarias que harán que el precio final funcione. Usted puede hacer esto hablando en un tono persuasivo: "Dejemos de lado el precio por ahora y analicemos qué haría que esto fuera un mejor trato". O "¿Qué más me puede ofrecer para que sea un mejor precio para mí?"

Cuando la negociación está lejos de llegar a una solución, debe sacudir las cosas y alejar a su contraparte de una mentalidad rígida. Cuando esté a punto de convencer a un colega dudoso, pregúntele: "¿Por qué tu harías eso?", pero de una manera que lo favorezca a usted.

Si usted desea ganar un cliente de un competidor en particular, podría decirle: "¿Por qué harías negocios conmigo? ¿Por qué pensarías en cambiar tu proveedor actual?". La pregunta "por qué" convence a la contraparte de considerar trabajar con usted.

Usar el pronombre singular en primera persona es una excelente manera de definir un límite sin entrar en un altercado. Cuando dice: "Lo siento, eso no funciona para mí", el término "yo" concentra estratégicamente la atención de su contraparte en usted.

Si usted desea impugnar las declaraciones improductivas de su contraparte, puede decir: "Me siento _____cuando_____ porque_____", y eso requiere un tiempo de espera de la otra persona.

Cómo negociar: Consejos básicos para la negociación inmobiliaria

Algunas personas piensan que las habilidades que usan para negociar pequeños acuerdos son diferentes de las habilidades necesarias para comprar artículos de alto precio, como bienes raíces, empresas y automóviles.

Si bien es posible que una persona pase toda su vida tratando de dominar la técnica de negociación, aprender algunas estrategias de negociación puede colocarlo muy por delante de sus competidores y ayudarlo a superar los momentos en que se encuentra con un vendedor desmotivado o un comprador inteligente.

En resumen, al pasar por un proceso de negociación, considere los siguientes problemas antes de cerrar el trato. Son excelentes consejos de negociación inmobiliaria para vendedores y compradores:

• A menudo, hay opciones y otras cosas a considerar. No acepte un mal trato cuando sabe que hay uno mejor.

• La investigación es importante: Manténgase familiarizado con la propiedad y todas las características del vecindario. Usted puede aprender del vendedor, pero puede descubrir algo que puede aumentar el valor de la propiedad, por lo que debe realizar su propia investigación. Cuanto más sepa, será mejor

• Sea agradable: Inicie negociaciones de una manera que no le falte el respeto a la otra parte. Asegúrese de mostrar respeto y ser justo. Las probabilidades de que la otra parte sea cooperativa y esté lista para considerar sus necesidades son altas. Esto también puede incluir discutir los términos que la otra persona quiere y ser considerado con sus deseos. Tenga en cuenta el adagio: "Lo que da vueltas, da vueltas". Además, es necesario encontrar una similitud, como herencia, deportes o cualquier otra cosa que ayude a consolidar la amistad.

- Compare números con diferentes partes, como agentes de bienes raíces, tasadores y amigos experimentados que son dueños de propiedades. Algunos tasadores le ofrecerán un valor con una validez de seis meses.

- No divulgue información que considere secreta, como el valor de la propiedad y las ideas futuras.

- Conozca su objetivo y lo que quiere pagar. Además, esto está relacionado con la determinación de sus planes y metas. El punto es ser realista y paciente.

Comprar una propiedad de inversión es uno de los pasos más importantes para convertirse en un exitoso inversionista de propiedades de alquiler o expandir su negocio de inversión de alquiler. Con el poder de negociación adecuado, usted tomará la mejor decisión y comprará una propiedad de inversión. Los consejos discutidos anteriormente serán de gran ayuda para llegar a un acuerdo sobre el precio de una propiedad y el resto de los términos para comprar una nueva propiedad de renta.

Capítulo 7: Los secretos de inversión y gestión de propiedades de alquiler

Elija el plan correcto

Una propiedad de alquiler es un tipo importante de inversión, y como con cualquier inversión, hay algún riesgo involucrado. Es por eso que usted necesita tener un plan de seguro que proteja su negocio. En otras palabras, un plan de seguro asegurará sus activos y así evitará cualquier estrés. Sin embargo, encontrar el programa adecuado puede ser muy difícil cuando usted no tiene suficiente información y conocimiento.

Este libro le ha facilitado toda la información compilada que debe tener en cuenta al elegir un plan de seguro para su propiedad de alquiler. Con un conocimiento de lo básico, usted puede tomar una decisión inteligente y sentirse seguro de seguir adelante:

1. Diferencias entre seguro de propietario y el seguro del arrendador

Usted necesitará algo adicional a la política del propietario existente que protege su propiedad de alquiler. Aunque el seguro para propietarios y arrendadores cubre daños, el seguro del arrendador ofrece mayor seguridad. Por ejemplo, cubre cualquier pérdida de ingresos que usted pueda experimentar durante una reparación.

La póliza de seguro del arrendador también tiene cobertura de responsabilidad civil por cualquier problema legal que pueda surgir como consecuencia de una lesión en su propiedad. Por lo tanto, no hay nada de qué preocuparse por un resbalón o una caída.

Aunque las características anteriores del seguro del arrendador parecen atractivas, existen algunos costos. En promedio, es posible que usted deba pagar entre un 10 y un 20% más en comparación con las primas de seguro de propietarios de viviendas, aunque el último cálculo depende del tipo de póliza de vivienda que elija comprar.

2. Los diferentes tipos de pólizas de seguro de vivienda

Usted deberá definir su póliza de vivienda en función de varios factores, pero el más importante es su presupuesto. Si usted tiene suficiente dinero, opte por una póliza integral, pero si no, puede elegir una opción más asequible. A continuación, se presentan los tres tipos de planes disponibles:

• Póliza Dp-1: incluye cobertura básica de riesgos, como el robo.

• Póliza Dp-2: ofrece una cobertura moderada, que incluye riesgos adicionales, como incendios y daños.

• Póliza Dp-3: es detallada e incluye todos los peligros potenciales.

En la mayoría de los casos, una póliza Dp-3 es la mejor opción. ¿Por qué? Porque le paga los costos de reemplazo completos de un reclamo en lugar del valor real en efectivo. Por ejemplo, si tiene una propiedad antigua que presenta daños graves, recibirá solo una fracción del dinero.

3. Importancia del seguro para inquilinos

Usted puede proteger su propiedad de alquiler, pero aún estará en riesgo si los inquilinos no compran el seguro del inquilino. Pueden responsabilizarlo si incurren en pérdidas de sus posesiones, y esto puede extenderse a una demanda que podría haber evitado de antemano.

Para evitar disputas innecesarias, debe obligar a todos sus inquilinos a comprar un seguro para inquilinos. Es un pequeño detalle que puede ahorrarle una suma significativa de dinero si ocurriera algo malo. Se recomienda encarecidamente que, como inversor en propiedades de alquiler, tome esta precaución y asegure su billetera.

¿Qué póliza debe comprar?

El tipo de póliza que usted debe comprar depende de su situación única. Algunos propietarios optan por una póliza Dp-2; otros no se sienten cómodos sin un Dp. Sea cual sea el plan que usted elija, debe ponerse en contacto con un profesional y discutir los pequeños detalles de lo que desea, acalorando cualquier preocupación o duda que pueda tener sobre una póliza determinada.

Elija a los miembros correctos de su equipo de inversión inmobiliaria

La creación de un equipo de inversión inmobiliaria es fundamental para lograr el éxito en el negocio inmobiliario. Los mejores inversionistas inmobiliarios conocen el valor real que un equipo aporta al negocio. Es difícil estar en todas partes o incluso hacer todo por su cuenta. Este es el momento en que su equipo de bienes raíces entra en juego.

¿Quiénes son?

Un equipo de inversión inmobiliaria es un grupo de profesionales que trabajan estrechamente con usted antes, durante e incluso después de comprar una propiedad de alquiler. El papel de este equipo es ayudarlo a obtener ofertas, ejecutar el proceso de debida diligencia, financiar y ayudar en la gestión general de la inversión.

A medida que usted continúe construyendo su cartera de propiedades de alquiler, contar con un equipo profesional puede ahorrarle tiempo y dinero. El secreto para formar un equipo exitoso es buscar personas confiables. Cree un grupo sólido de expertos a los que pueda recurrir para obtener ayuda.

¿Por qué debería tener un equipo de inversión inmobiliaria?

Una guía completa de inversión inmobiliaria debe mencionar la importancia de construir un equipo de inversión inmobiliaria bien fundamentado. Todos tenemos diferentes objetivos y ambiciones en el sector inmobiliario, pero cualesquiera que sean los objetivos que usted tenga, tiene una posibilidad significativa de alcanzarlos cuando tiene un equipo sólido. Es esencial considerar a sus miembros de bienes raíces como socios comerciales que están allí para ayudarlo a alcanzar su objetivo en la inversión inmobiliaria.

Miembros clave de un equipo de inversión inmobiliaria:

- Agente de bienes raíces
- Esposa
- Abogado
- Prestamistas
- Agente de seguros
- Contador
- Contratistas

¿Cuándo debe construir su equipo de inversión inmobiliaria?

Es esencial comenzar a construir su equipo de inversión inmobiliaria lo antes posible. No espere hasta que tenga diez propiedades de alquiler. Recuerde: el valor de su equipo continúa duplicándose a medida que establece sus relaciones profesionales. Estos miembros son sus compañeros de equipo, y tener estas personas clave al principio puede ayudarlo a alcanzar un éxito masivo y más rápido. Su equipo de inversión inmobiliaria puede ser útil durante el período de compra de diligencia debida.

¿Dónde puede conseguir estos miembros?

Hay muchos lugares diferentes donde usted puede buscar los miembros de su equipo, pero el mejor lugar para comenzar es preguntar a otros inversionistas de propiedades de alquiler. Puede encontrar inversionistas inmobiliarios asistiendo a reuniones locales de bienes raíces, grupos inmobiliarios en Facebook y foros inmobiliarios. A los inversores inmobiliarios les gusta trabajar en estrecha colaboración con los miembros del equipo de inversión inmobiliaria. A medida que continúe construyendo su equipo, usted debe pedirles a sus miembros que le digan si conocen a algunos amigos inversores de bienes raíces en su red.

¿Cómo gestionar su propiedad de alquiler como un profesional?

Si bien los bienes raíces también se consideran un método de ingreso pasivo, este no es un tipo de negocio que establecerá y se olvidará de él, y donde se sienta y espera que llegue el dinero. Una vez que identifica una propiedad de alquiler para comprar, hay muchas tareas que debe hacer para asegurarse de cumplir su objetivo.

Ya sea que desee administrar bienes inmuebles por su cuenta o haya sido contratado como administrador de propiedades, usted deberá utilizar una estrategia que generará ingresos al final de cada mes. Si alguna vez se ha preguntado: "¿Puedo administrar mi propiedad de alquiler?" y está buscando formas de administrar su propiedad de alquiler, entonces esta sección es para usted.

Principales responsabilidades derivadas de la administración de una propiedad de alquiler

Es crucial que usted conozca las tres áreas fundamentales de la inversión en propiedades de alquiler que deben controlarse:

- Administración de inquilinos

- Administración de la propiedad

- Manejo de las finanzas

Los inquilinos juegan un papel crucial en cualquier inversión de alquiler, y tomarse el tiempo para seleccionar y elegir a los mejores inquilinos le proporcionará las mayores probabilidades de lograr el éxito.

Secretos de la gestión de las propiedades inmobiliarias

Administración de inquilinos

La buena gestión de los inquilinos requiere que una persona tenga excelentes habilidades sociales, especialmente cuando se trata de atender las quejas presentadas por los inquilinos. Conocer las quejas más comunes y cómo ser proactivo para solucionarlas aumentará la tasa de inquilinos que se quedan en su propiedad. Hacer un seguimiento con un inquilino después de haber realizado algunas reparaciones, ya sea invasión de plagas o fugas de agua, demuestra que usted está muy atento y preocupado por su estadía. Incluso cuando la queja proviene de una fuente desconocida, ser respetuoso y responder de buena forma aumenta las posibilidades de que los inquilinos permanezcan en su propiedad. La mejor manera de garantizar que los inquilinos siempre estén bien es realizar inspecciones periódicas de la propiedad. De esta manera, notará áreas que necesitan reparación y evitará quejas de los inquilinos.

La primera preocupación del arrendador con los nuevos inquilinos es la falta de pago de la renta. Un inquilino que no paga el alquiler a tiempo puede causar una gran molestia. Los propietarios pueden tomar varias medidas para garantizar que estos problemas no ocurran mediante recordatorios de alquiler y multas por demoras. Elegir utilizar los pagos de alquiler en línea es otra excelente manera de ofrecer a los inquilinos formas convenientes de pagar el alquiler a tiempo.

Si usted evita desalojos costosos, su beneficio de la inversión inmobiliaria será alto. Además de los pagos atrasados, podría haber otras razones, como amenazas a la seguridad de su propiedad que podrían provocar el desalojo. Si usted tiene que llevar a cabo el proceso de desalojo, asegúrese de hacerlo de acuerdo con las normas de su estado. Por lo general, puede evitar que se produzca el desalojo al evaluar a sus inquilinos para asegurarse de permitir solo la entrada de inquilinos de alta calidad.

Otro factor crítico es la rotación de inquilinos, ya que puede afectar sus ganancias muy rápidamente. Aunque la rotación del inquilino es una característica natural del alquiler, e incluso puede otorgarle la oportunidad de cobrar más alquiler al inquilino que se muda, también puede consumir sus ganancias si sucede regularmente. La única forma segura de asegurarse de mantener los beneficios de su propiedad de alquiler es hacer felices a sus inquilinos. La mayoría de estas cosas son bastante simples, como responder a llamadas que requieren que realice reparaciones y agregar algunas características que atraerán o harán que sus inquilinos actuales quieran continuar.

Hacer algunas mejoras estratégicas también puede hacer que una casa parezca un hogar y alentar a los inquilinos a quedarse más tiempo. Cuando maneje inquilinos, usted debe asegurarse de adherirse estrictamente a las reglas del propietario-inquilino. Debe incluir la Ley Federal de Equidad de Vivienda y otras regulaciones locales. El reembolso de los depósitos de seguridad, la elección de los inquilinos y la presentación de un aviso antes de ingresar son todos los procesos que requiere la ley del propietario e inquilino. Es crucial que usted aprenda sobre esto para asegurarse de optimizar sus responsabilidades administrativas.

Mantenimiento de la propiedad

Como arrendador, usted tiene el mandato legal de asegurar su propiedad y garantizar que sea seguro permanecer en ella. Una cosa con la que tendrá que luchar es encontrar buenos inquilinos si el mantenimiento es un problema. Sin embargo, es más rentable realizar reparaciones regulares y mantener la propiedad que tener que esperar hasta que surja una emergencia. Uno de los principales riesgos de convertirse en arrendador es manejar problemas de mantenimiento masivos que pueden ser costosos y que su seguro puede no cubrir.

El mantenimiento de algunas propiedades debe realizarse todos los años para que no termine con una emergencia. Ya sea que haya un problema o no, es bueno reemplazar las mangueras de suministro y las líneas de drenaje en un lavavajillas y lavadora. Si tiene una propiedad antigua, podría ser el momento de buscar un plomero que reemplace las válvulas de agua y los grifos del fregadero. Al realizar estas reparaciones, reducirá el riesgo de problemas relacionados con el agua en el futuro.

La remodelación de su propiedad puede garantizar que su alquiler siga siendo rentable y, nuevamente, podría ahorrar dinero reparando antes de realizar un reemplazo completo. Por ejemplo, ahorrará algunos costos al limpiar una alfombra antes de comprar alfombras nuevas.

Contratación de un administrador de la propiedad

La decisión de contratar o no un administrador de la propiedad depende de algunos factores únicos. Los que están fuera del estado pueden tener que involucrar a un tercero para que se ocupe de las operaciones diarias de la inversión inmobiliaria. Además, si vive cerca de su propiedad de alquiler, también puede contratar a un administrador de la propiedad para que lo ayude. A veces, es posible que usted no tenga tiempo para comprometerse a administrar la propiedad, o no quiera que lo interrumpan temprano en la mañana para emergencias. Incluso cuando contrata a un administrador de propiedades para que lo ayude a administrar su propiedad, no significa que no tenga control sobre las operaciones diarias que tienen lugar en su propiedad. Un buen administrador de la propiedad puede realizar la mayoría de las responsabilidades de gestión, convirtiendo su alquiler en una inversión real de ingresos pasivos. Si usted va a contratar a un administrador de propiedades, debe asegurarse de estar en la misma página cuando se trata de seleccionar un inquilino. Dado que la mayoría de los administradores de propiedades pueden no tener el mismo deseo que un propietario, es posible que no aborden los problemas de la misma manera.

Secretos para una inversión inmobiliaria exitosa

La idea de ganar millones invirtiendo en bienes raíces atrae a muchos inversores. Aquí hay una recopilación de secretos para impulsar su éxito en la inversión inmobiliaria:

Darse cuenta de los compromisos a tiempo

Por supuesto, la inversión en la propiedad de alquiler requiere un poco de capital para comenzar, pero si usted elige alquilar su propiedad, debe estar preparado para enfrentar los lados malos, útiles y feos de esta elección. Hay una gran diferencia entre un propietario y un arrendador. Es quizás uno de los factores más importantes que deberá decidir al comprar una propiedad para alquilar en lugar de vivir en ella. Ser arrendador no es tan difícil, pero hay mucho trabajo. No importa si está tratando directamente con un inquilino o con una empresa de administración de propiedades de alquiler, aún recibirá algunas llamadas de emergencia sobre fugas de agua o costos inesperados para reparar una lavadora defectuosa. Por lo tanto, antes de ingresar al mundo de la inversión en propiedades de alquiler, asegúrese de comprometer lo que se requiere para garantizar que la empresa sea exitosa.

Diseñe su estrategia de inversión

¿Está interesado en una propiedad de remodelar y vender para obtener ganancias? ¿O quiere comprar una propiedad y alquilarla? ¿Cuánto ingreso necesita para cubrir las facturas de la hipoteca y los gastos fundamentales? ¿Cuál es el crecimiento de capital proyectado de la propiedad? ¿Tiene una estrategia de salida? Si usted puede responder estas preguntas, sabrá cuál es la mejor manera de lograr sus objetivos. Puede ser un inversionista muy ambicioso que desee renunciar a un trabajo a tiempo completo y construir rápidamente una cartera para que actúe como su fuente principal de ingresos, o podría ser un propietario que desea obtener ingresos adicionales mediante el alquiler de una propiedad. Una vez que haya escrito sus razones para invertir y sus objetivos, puede comenzar su estrategia de inversión inicial.

Siempre busque propiedades y lugares potenciales

Las propiedades que exigen muchas reparaciones pueden ser un gran desvío para los inversionistas, ya que plantea la cuestión del tiempo y el capital antes de que esté listo para alquilar. Si bien una propiedad llave en mano puede atraer fácilmente a los inquilinos, no tiene la misma capacidad de generar grandes ganancias. Una propiedad bien construida y amueblada no solo producirá mayores ganancias, sino que también aumentará el valor de la propiedad. Eso significa que usted tiene más posibilidades de salir con un ingreso enorme si decide vender la propiedad. Sin embargo, para que esto suceda, la ubicación también es importante. Hay casas encantadoras que yacen vacías porque la ubicación es indeseable. El secreto es investigar el mercado y actuar rápidamente cuando se presenta la oportunidad adecuada.

Cuatro pecados de inversión inmobiliaria que arruinarán su inversión

1. Establecer sus tarifas de alquiler

Podría preguntarse: "¿Cuál es la dificultad para determinar las tarifas de alquiler?"

Lo que usted debe hacer es buscar un periódico o saltar a Craigslist y elegir un número, ¿verdad? Además, usted es lo suficientemente inteligente como para realizar algunas matemáticas básicas y sabe que cuando el pago de su hipoteca es de aproximadamente $ 800 / mes, entonces necesita un dinero extra para cubrir los gastos.

¿Pero cuánto más necesita para cubrir los gastos?

Bueno, cualquier cosa por encima de $ 1 va a su cuenta. Por lo tanto, usted desea tanto como pueda obtener, pero al mismo tiempo no debe ahuyentar a sus inquilinos. Además, ya ha gastado algo en reparaciones y mejoras. Eso tiene que ser más que unos pocos dólares.

Eso hace que usted comience a pensar en todo el trabajo que ha hecho. Cuando calcula y resume todo, ahora se da cuenta de que es hora de que le devuelvan el dinero. Entonces, rápidamente, la idea de la renta surge en su mente. Luego, justo cuando está a punto de publicar su anuncio con una tarifa de alquiler elevada, observa lugares en alquiler en su área que le hacen comenzar a frotar su cuello. ¿Se pregunta cómo un lugar hermoso como ese puede tener un alquiler tan barato?

¿Por qué confiar en su instinto para aumentar las tarifas de alquiler reduce sus ganancias?

Los humanos son criaturas emocionales y, por lo tanto, se apasionan por las cosas en las que invierten su dinero. Usted se convence de que a una persona le encantará la forma en que ha decorado el jardín, por lo que, al decidir las tarifas de alquiler, puede ser difícil para bajarlo.

Lo mismo se aplica a sus armarios importados, azulejos y cualquier otra cosa que haya hecho para mejorar la apariencia de su lugar. Si bien estas son cosas grandiosas, cuando usted se involucra emocionalmente en el valor de la mejora, es la forma segura de nublar su capacidad de tomar las decisiones correctas sobre el monto de la renta a cobrar. Es como tratar de ayudar a alguien en problemas que ni siquiera solicitó su ayuda; se sentirá decepcionado cuando no reconozca todo el apoyo que le brindó.

¿Significa esto que usted no necesita hacer que su propiedad de alquiler sea atractiva? No. Solo necesita a alguien que lo ayude a ver cómo el mercado aprecia todos sus esfuerzos y mejoras. Pero no puede simplemente decidir "aumentar" sus tarifas de alquiler basado en los periódicos y Craigslist.

¿Cómo conseguir ofertas de alquiler que valoren los cambios y activos únicos de su propiedad?

Existen diferentes tipos de sitios web y herramientas en línea a los que puede recurrir para recibir compensaciones de alquiler en un mercado determinado. Algunos cobran una cuota de membresía por mes; otros cobran una tarifa fija por los informes. Aunque esto es mucho mejor que escuchar su instinto y usar Craigslist, tiene sus desventajas.

Para los novatos, la mayoría de *los sitios de comp* solo se enfocan en sitios importantes. Por lo tanto, si su propiedad está ubicada en un lugar rural, deberá utilizar técnicas de base. Otro problema es que no tienen métodos para medir el valor real de sus mejoras.

Ahí es donde debe buscar una empresa profesional de administración de propiedades. Realizarán un estudio de mercado en profundidad para determinar el precio de su propiedad. Además de eso, evaluarán sus inversiones y crearán una estrategia rentable para sus condiciones particulares de mercado.

¿Son caras estas compañías de administración de propiedades?

Apenas. Según un informe de la Oficina del Censo, los propietarios de alquileres deben deducir más del "20% de sus ingresos de alquiler" para manejar el mantenimiento, luego una compañía de administración de propiedades cobra del 6 al 10%.

Entonces, usted puede ver por qué no puede arriesgarse a confiar en su instinto sobre las tarifas de alquiler.

Independientemente de si combina herramientas locales, se asocia con una empresa de administración de propiedades o usa sitios de compensación, usted no puede arriesgarse a confiar en su instinto. ¿Por qué? Si utiliza una tarifa incorrecta o más baja para atraer a los inquilinos, siempre lo pagará a largo plazo. Es por eso que debe buscar asistencia objetiva cuando desee establecer sus tarifas de alquiler.

2. Cobrando cheques de alquiler

Usted es una buena persona, y esto es algo que le resulta difícil de superar. Ahora, ¿deja de ser amable y se convierte en un tacaño despiadado para ser efectivo? Por supuesto que no.

Sin embargo, muchos arrendadores y propietarios que encuentran difícil obtener ganancias piensan que son amables al permitir que los pagos de los depósitos de seguridad se retrasen, y luego se dedican a cobrarlos durante meses. Cada mes, los inquilinos se aprovechan de su buen corazón con excusas sobre la costosa guardería o alguna otra historia.

¿Por qué necesita una estrategia sin emociones para cobrar el alquiler?

Recuerde que usted está llevando un negocio en el que el flujo de efectivo es el negocio principal. Cuando usted recibe el alquiler con retraso, es probable que el pago de su hipoteca se retrase. En otras palabras, su banco le cobrará una cierta tarifa. ¿Se da cuenta de que a su banco no le importa independientemente de cuán válida sea su excusa para retrasarse en los pagos? Si se sigue retrasando, el banco ejecutará su propiedad.

En consecuencia, usted debe imitar la misma mentalidad.

Su banco tiene una estrategia y un sistema que no involucra las emociones. Si usted se retrasa un día, la computadora lo calcula automáticamente. Al mismo tiempo, se establece una penalización inmediatamente un minuto después de su período de gracia. El único método para evitar intereses y mantener su propiedad es pagarlo. Puede optar por hacerse la vista gorda con sus llamadas telefónicas, cartas y correos electrónicos automáticos, y recurrirán a una acción planificada previamente, como apoderarse de su casa.

Usted puede considerar esta acción como dura de corazón, pero es precisamente lo que usted necesita tener. De la misma manera que firmó en papel antes de ser propietario de la casa, sus inquilinos deben firmar lo que se debe hacer cuando se atrasa en el pago de la renta.

Por lo general, esto es a menudo una tarifa de $ 50-60, con cargos adicionales por cada día de retraso después de eso. Pero no se siente a esperar que le paguen. Si es un propietario con ánimo de lucro, debe comenzar el proceso de desalojo inmediatamente después del período de gracia. No tiene nada de malo. Si pagan, el proceso de desalojo se cancela.

Con la tecnología moderna de hoy, crear un sistema efectivo de cobro de alquileres es tan fácil como contar 1-2-3

Si el papel y el lápiz son los sistemas que utiliza para recibir el alquiler, está perdiendo ganancias. Los cambios modernos en la tecnología han llegado con un sinfín de sistemas de software que facilitan el cobro de su alquiler a tiempo.

Un método de cobro de alquileres "infalible" tiene muchas partes móviles. Primero, así es como quiere cobrar el alquiler. Hay características legales de lo que puede cobrar y cuándo puede comenzar el proceso de desalojo. Eso significa que debe tener un equipo y un sistema eficiente, porque la mayoría de los arrendadores, incluso con sus mejores intenciones, aprenden sobre sus derechos legales solo después de ser convocados en diferentes momentos en la corte.

La dura verdad acerca del cobro de alquiler

Si usted no instala un sistema confiable y preciso que incluya las leyes para cobrar alquileres, se le retirará del negocio.

Ya sea que elija diseñar su sistema o utilizar una red de inversionistas de alquiler, puede eliminar la molestia y el drama de cobrar el alquiler y asegurar el activo más importante de su inversión.

3. Marketing anémico

Su propiedad no es la única propiedad en alquiler en su comunidad, por lo que usted deberá estar preparado para competir por la atención de los inquilinos. Si su estrategia de marketing es publicar un anuncio en Craigslist en cualquier momento que haya una vacante, entonces está en problemas. Esta técnica reactiva es perjudicial para los nervios y provocará errores estúpidos.

¿Por qué usted siempre debe pensar como un vendedor?

Los propietarios de propiedades de alquiler exitosos a menudo piensan en el futuro. Esto también significa que hacen marketing futuro. Siguen pensando en las cosas que hacen que su propiedad y comunidad sean únicas. Buscan formas de cambiar el mercado haciendo mejoras y puliendo la apariencia exterior.

Les gusta confiar en los conocimientos extraídos de las encuestas de los inquilinos y los estudios de mercado para conocer el tipo de mejoras que probablemente coincidan con el aumento de los alquileres. Saben lo que los inquilinos de alta calidad consideran y esperan atraer y transmitir ese mensaje en cada anuncio y folleto que crean.

Incluso después de hacer esto, no se sienten satisfechos de que esto atraiga a inquilinos estelares a su propiedad. Entonces, deciden estudiar y probar nuevos anuncios y embudos de marketing. Refinan sus anuncios en función de una cosa: resultados.

En esta sección, es difícil explicar todo sobre cómo comercializar, cómo distinguir su propiedad en anuncios y cómo obtener su propiedad ante los ojos de sus posibles inquilinos.

Pero lo que podemos decirle es cómo el marketing efectivo puede atraer a muchos inquilinos

Dependiendo de cómo sea su propiedad cuando un inquilino desocupe, puede requerir una o dos semanas para preparar una casa antes de que la siguiente persona se mude. En otras palabras, su propiedad puede permanecer inactiva durante semanas. Las vacantes son peligrosas porque pueden eliminar las ganancias de un año o más.

Si tiene varias unidades, es difícil que todas las unidades estén completamente ocupadas. Es por eso que se recomienda vigilar quién está a punto de irse.

Si desea que su propiedad se ocupe por completo y genere suficientes ganancias, debe contratar a una persona para que le ayude a comercializarla. Afortunadamente, usted puede buscar personas que lo ayuden. No necesita una agencia de publicidad, pero puede optar por contratar a vendedores de diferentes plataformas en línea. Pero, aun así, deberá supervisar y pagar anuncios específicos.

4. Alquilar a las personas equivocadas

Si usted tiene una propiedad de alquiler, es solo cuestión de tiempo antes de ponerse en contacto con un "inquilino profesional". Estos son inquilinos que piensan que, al ser dueños de la propiedad, debe permitirles vivir sin pagar alquiler.

Los pasos de su aplicación están destinados a eliminar este tipo de personas. Sin embargo, el inquilino profesional se aprovechará de usted con contratos de alquiler sueltos y pasos de mudanza de mala muerte. Eso es lo que les da el poder en la corte para mostrarle al juez que usted es un " arrendador explotador".

¿Cómo puede evitar batallas judiciales costosas y embarazosas con "inquilinos profesionales"?

La forma de evitar este tipo de batalla es seleccionar a cada solicitante. Mientras tengan más de dieciocho años, deben ser interrogados; no importa si usted los conoce o no. También debe tener un proceso eficaz para las pruebas telefónicas y personales para poder identificarlos antes de perder el tiempo.

Deje que cada solicitante complete un formulario. También deben firmar documentos para permitirle extraer informes de crédito y comunicarse con empleadores y propietarios actuales y anteriores si muestran cierta resistencia.

Comuníquese con todos los contactos de empleadores y propietarios. Solo hacer una llamada telefónica por sí solo no es suficiente, y debería considerar hacer preguntas.

Los buenos propietarios rechazan a muchas personas antes de aceptar a alguien, y la razón es que tienen un estándar bien definido del tipo de inquilino que desean. Si no realiza correctamente su proceso de evaluación, podría perder tiempo y dinero en los tribunales. Si usted puede hacer esto bien, será fácil para usted defenderse en la corte.

Aunque puede hacer todo el proceso de selección y buscar inquilinos usted mismo, sepa que una herramienta de evaluación en línea aún no es suficiente.

Usted debe realizar un proceso completo desde la primera respuesta a su anuncio hasta que les dé las claves. No se salte al abogado porque se asegurarán de que su trabajo legal esté en orden en caso de que surja un inquilino profesional.

Hay un atajo para evitar hacer todo esto usted mismo, y es contratar una empresa de administración de propiedades. Tienen experiencia en la búsqueda de buenos inquilinos y se encargarán de todos los detalles.

Estrategias de salida e intercambios

1. Aguante para siempre

Toda la charla relacionada con la inversión de propiedades con fines de lucro y diversión, la inversión en propiedades de alquiler se enfoca en hacerse rico lentamente. Comprar una propiedad que puede conservar durante un buen número de años es mejor y, en muchas situaciones, es una estrategia fácil en comparación con lidiar con un cambio rápido. Seguir esta técnica más lenta puede ser diferente de lo que ve en la televisión, pero puede ser útil cuando necesita establecer un ingreso continuo para mejorar las finanzas de su familia.

Planifique una estrategia de salida

Comprar una propiedad de inversión de alquiler para conservar tiene un significado diferente para diferentes personas. Una forma implica comprar una propiedad y conservarla para siempre. Para otras personas, significa comprar una propiedad y mantenerla durante unos diez años y luego venderla a un precio más alto. Su plan de salida le dirá cómo puede comprar y controlar la propiedad, por lo que debe determinar el programa antes de comenzar. Solo asegúrese de incluir estrategias fiscales potenciales para reducir la factura cuando venda.

2. Ofertas de financiación del vendedor

Es una opción utilizar el financiamiento tradicional cuando se trata de obtener una hipoteca. Con las siguientes condiciones, el financiamiento del vendedor ayudará a una persona a recibir un tipo de crédito alternativo. Los vendedores pueden involucrar a un cierto número de compradores que no califican para una hipoteca tradicional, y dado que el vendedor está financiando la venta, la propiedad puede tener un rendimiento más alto.

Un banco no participa directamente en una venta financiada por el vendedor. Tanto el comprador como el vendedor hacen planes por sí mismos. Vienen con una nota que define la tasa de interés, establece las fechas de pago y los resultados, en caso de que el comprador decida incumplir.

Cuando solo dos jugadores participan en la financiación del vendedor, puede ser más rápido y más barato que vender una casa de forma habitual.

Los costos de cierre para una venta financiada por el vendedor son más bajos ya que un banco no está involucrado. Cuando el banco no participa, la transacción minimizará los valores de la hipoteca y el origen de la tarifa. La venta de financiación del vendedor solo se ejecuta a corto plazo, que podría ser de solo cinco años, con un "pago total" al final del período. La esperanza es que el comprador refinancie el préstamo con un prestamista tradicional.

Conclusión

Felicitaciones por llegar al final del libro Inversión en Propiedades de alquiler: descubra los secretos de la inversión y gestión de bienes inmuebles, incluidos los consejos sobre negociación y la búsqueda de propiedades de inversión que le brinden ingresos pasivos a largo plazo. Espero que haya sido informativo y haberle proporcionado todas las herramientas que usted necesita para alcanzar sus objetivos.

La inversión inmobiliaria no tiene un mapa y el camino hacia la riqueza no es recto. Usted tendrá que escalar montañas y colinas. Dicho esto, hay cosas que usted puede hacer y seguir para tomar el camino correcto y asegurarse de tener las mejores posibilidades de éxito. Escuchar a los inversionistas y profesionales de bienes raíces es un excelente lugar por el que comenzar. Además, puede combinarlo con los consejos y secretos discutidos en este libro para asegurarse de administrar su inversión de la mejor manera posible.

Ahora todo lo que le queda por hacer es avanzar, tomar su futuro en sus manos y disfrutar de su éxito. ¡Tiene el impulso, las herramientas y la pasión!

Finalmente, si encuentra este libro útil de alguna manera, le agradecería que deje un comentario en Amazon.

Printed by BoD™in Norderstedt, Germany